シリーズ「遺跡を学ぶ」

057

東京下町に眠る戦国の城

葛西城

谷口 榮

新泉社

東京下町に眠る戦国の城
—葛西城—

谷口　榮

【目次】

装幀　新谷雅宣
本文図版　中原利絵

第1章　東京下町の歴史を見直す

1　関東の玄関口

東京の下町は海だったのか

東京都二三区のなかで、江戸川区とともにもっとも東に位置する葛飾区《かつしか》。その真ん中あたり、中川《なかがわ》の西側に「青戸《あおと》」という町がある（図1）。そこに、戦国時代に幾多の攻防がくり広げられた城があった、というとみなさん意外に思われるだろうか。

そこは東に二キロほど行くと、寅さんで親しまれている映画『男はつらいよ』シリーズで知られる柴又帝釈天《しばまたたいしゃくてん》があり、そのすぐ東側を江戸川が流れ、矢切《やぎり》の渡しを渡れば千葉県になる。一方、西へ三キロほど行けば荒川《あらかわ》（放水路）があり、さらに西には古代から中世の下総《しもうさ》・武蔵の国境《くにざか》いともなった隅田川《すみだがわ》が流れる。大河川が集まって南流し、東京湾に注ぐ東京の下町である（図2）。

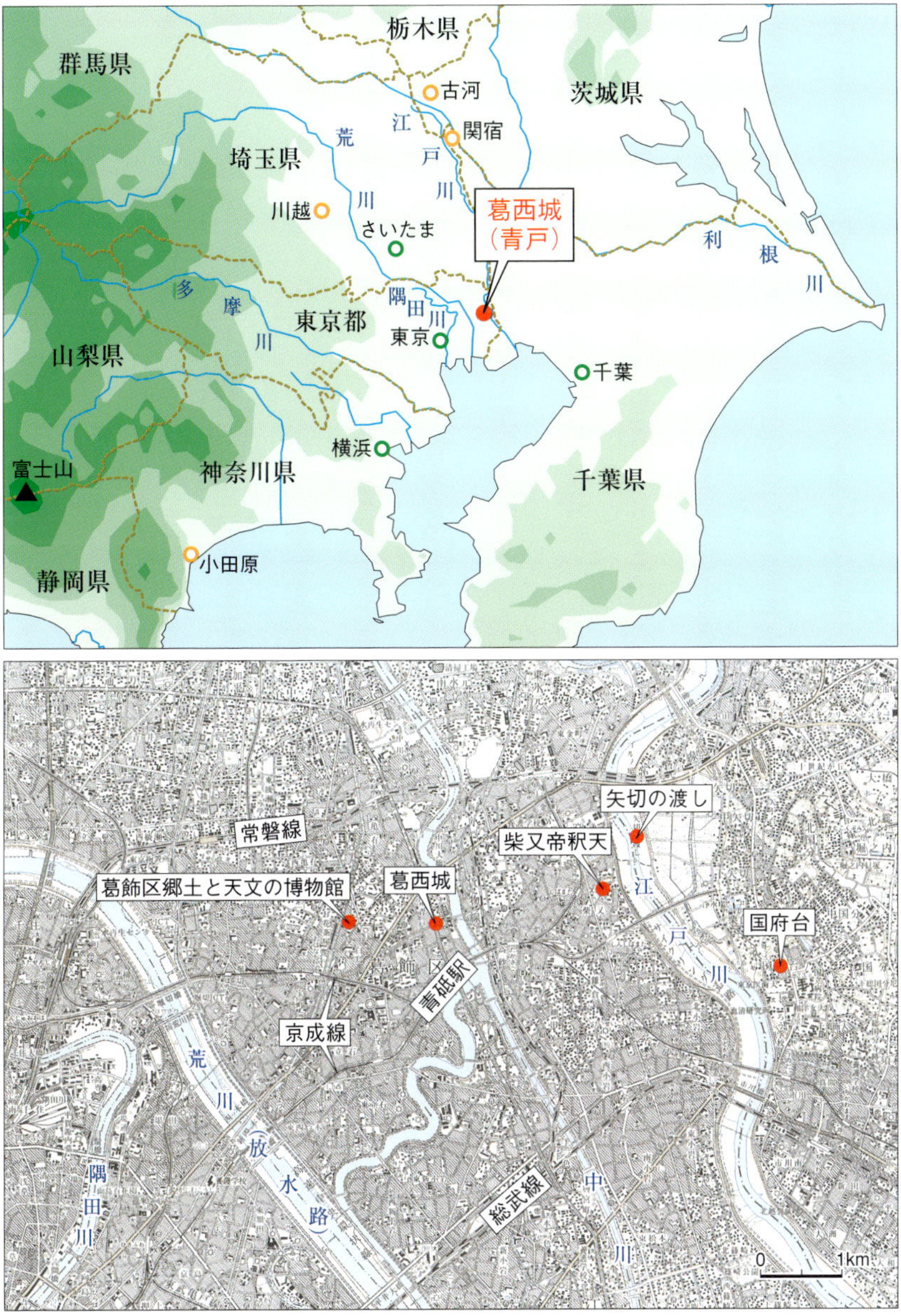

図１ ● 青戸の所在地
東京都の東部、中川右岸に青戸は位置する。京成電鉄の青砥駅からおよそ 15 分で本丸跡に設けられた御殿山公園と葛西城址公園にたどり着く。青砥駅は海から直線で約 13km の位置にある。

この東京東部に広がる下町は「かつて海だった」とか「葦《あし》しか生えていない水辺だった」というたぐいの話が根強く流布している。そのため研究者も含めてそこに住む多くの人が、この地域は徳川家康の江戸入部によって発展したのであって、それ以前の歴史については見るべきものはなく、人の住みにくいところだったというイメージを抱いている。

しかし、東京の下町が海だったのははるかむかし、六〇〇〇年前の縄文前期から二〇〇〇年前の弥生中期ごろまでのことである。縄文早期やさらにそれ以前の旧石器時代には陸地であり、先人の生活の場となっていた。

それが地球が寒冷期から温暖期へと変化し、約一万二〇〇〇年前からしだいに海水面が上昇したことによって（縄文海進）、東京の下町地域を海の世界へと変えていった。その後、六〇〇〇年前ごろからふたたび海進から海退へと転

図2 ● 東京湾上空から東京東部を望む
右手に下総台地、左手に武蔵野台地にはさまれた中央の低地が東京低地である。左側から隅田川、荒川（放水路）、江戸川が東京湾に注ぎ、海岸線は近世以降の埋め立てによって改変されている。

じ、上流部から運ばれてきた土砂が堆積していって関東平野の先端部分となったのである。そして弥生時代の終わりごろには、葛飾区や江戸川区あたりでも生活の場として集落が営まれるようになっていった。河川が運んできた土砂でできた沖積地は農耕に適した肥沃な大地だったのである。

海と内陸をつなぐ交通の要衝地

農耕地であったばかりではない。東京の下町には、江戸をはじめ亀戸《かめいど》、奥戸《おくど》、青戸、今戸《いまど》、花川戸《はなかわど》など「戸」のつく地名が河川沿いに多く残っている。この戸は、「津」（港）が転訛したものであることがわかっている。ちなみに江戸という名称は古今そのいわれについて諸説が披露されてきたが、東京低地の地名を学べば容易に、江（＝河口部）の津という意味であることが理解でき、ことさら難しく解説を加える必要もない。

この東京の下町に残る「戸」地名は、関東に荘園が開発される平安時代末期から鎌倉時代にかけて、陸上交通と水上交通のアクセスするところに津が整備され、年貢の輸送や連絡の確保が図られたことを示している（図３）。「戸」地名は、いにしえの人や物資の行き交う繁華な歴史的な風景を物語ってくれるのである。

陸上の道でも東京の下町は重要な位置を占めていた。あまり知られていないが、古代東海道が東京の下町を東西に貫くように横断していた。また中世前半には鎌倉街道が東西に通り、中世後半においても小田原北条氏によって伝馬《てんま》制が敷かれ、下総と小田原とを連絡する道や宿が整備されていた。

古代から中世、そして現代の国道六号線（水戸街道）や常磐《じょうばん》線・総武《そうぶ》線などの道路や鉄道のルートを見てもわかるように、東京の下町は、旧武蔵・相《さが》模《み》地域と房総や常陸《ひたち》方面とを連絡する交通の要衝地であった。中世において、西からの物資が舟に積まれて海路で東京低地まで運ばれ、さらに河川を遡行して上流部の関東各地にもたらされたと考えられる。一方、関東周辺の物資が河川を伝って東京低地へ搬入されており、双方向の物や人の行き来があったのである。

図 3 ●中世の東京低地における交通の要衝地
東京低地に多い「戸」の付く地名は、いかに東京低地が陸上交通と水上交通の交わる要衝であったかを物語っている。

江戸幕府のイメージ戦略

このように東京低地とよばれる東京の下町は、古くから東西方向には下総と武蔵を結ぶ陸路、南北方向は河川による関東各地と連絡する水陸交通の結接点であった。「水の道」によって関東と海をつなぐ中継基地的役割を担った地域であり、津の集中する東京低地はまさに「関東の玄関口」として重要な位置にあったのである。

「爰モカシコモ汐入ノ茅原ニテ」（『岩淵夜話別集』）

「町屋なども茅ぶきの家百ばかりも有かなしの体」（『慶長見聞集』）

これらは、江戸時代になって徳川家康の事蹟を記した書物のなかにみられる、家康が江戸に入部する前の江戸城周辺の様子とされる。

天正一八年（一五九〇）、豊臣秀吉の小田原攻めに帯同した家康は、現地で三河から関東へと封じられる。そして、まだ北条氏の支配地であった江戸の攻略へと向かった。苦心して芦原《あしはら》、沼、入江が多い寒村を発展させ、江戸に幕府を開く……。家康の江戸入部以前と以後とをことさらに差をつけて、対照的に対峙させるのは、源頼朝の鎌倉入部にも通じる、偉業を称える政治的なトリックが働いている。江戸は一日にしてならず。先入観にとらわれない東京下町の歴史像を求めなければならない。

2　伝説から実証へ

「青戸」と「青砥」

さて、この葛飾区青戸に「御殿山《ごてんやま》」とよばれる二本の大銀杏がしげる少し小高いところがあった（図4）。そこには、かつて徳川将軍家の御殿（青戸御殿）が設けられていた。それが廃止されて後、多くは陸田となったが、中心部の御座所《ござしょ》の一部は御殿山として守られてきた。

地図上で御殿山をさがすと、京成電鉄青砥駅から北へ約一キロ、環状七号線道路をはさんで御殿山公園と葛西城《かさいじょう》址公園がその遺地となる（図5）。

「あおと」の表記には、「と」を「戸」と「砥」に書く二通りがある。住居表示には「青戸」、施設名などには「青砥」が用いられており、京成電鉄の駅名も後者となっている。どちらが正しいのであろうか。

葛飾区の「あおと」に関連するもっとも古い史料は、奥州平泉の中尊寺に所蔵されている正応元年（一二八八）「関東下知状」で、「青戸」を名字とする武士が葛西氏の代官として平泉に出向いていることが記されている。また、千葉県松戸市の『本土寺過去帳』には、「菊池霊　長享二年（一四八八）〈戊申〉五月　葛西青津」と見える。すでに述べたように、青戸の「戸」は本来「津」であり「港津」をあらわしている。また、応永五年（一三九八）の「葛西御厨田数注文」にも「青戸」という地名が確認でき、中世においては葛飾区内の「あおと」の表記を「青砥」とする事例はいまのところ確認することはできない。

図4 ● 御殿山の旧景（昭和30年代頃）
右手に御殿山のランドマークであった2本の銀杏が見える。銀杏は環状七号線道路建設にともなって移植されたが、枯れてしまった。写真中央の藤綱神社もいまは青砥神社に合祀されている。

図5 ● **葛西城周辺の航空写真**（1986年頃）
右手の川は中川、中央を南北に貫くのが環状七号線道路、中川に架かる橋から環状七号線道路に交差する道路は国道6号線（水戸街道）。字名（青囲み文字）には、城や御殿にかかわる字名が認められる。

青砥藤綱伝説

では、どうして「青砥」という表記が登場したのであろうか。

『新編武蔵国風土記稿』巻二三の青戸村の項を見ると、戦国時代、そこには小田原北条氏が築いた城があり、江戸時代になると、その跡に徳川家康・秀忠・家光三代の鷹狩りの際の御殿が存在したことが記される（図6）が、そのかたわら、城が築かれる前に青砥藤綱《ふじつな》の館があったという地元の言い伝えを紹介している。

同じ青戸村の項には、「仕置場と呼ふ、昔青砥左衛門領地の頃刑罪場なりしと云傳ふ」という藤綱の所管する刑場と言い伝えられる塚の場所や、旧家山崎茂右衛門が所持している藤綱愛用山葵おろしも図入りで紹介されている。このほか『新編武蔵国風土記稿』には、同地旧家山崎家・清水家・中島家の先祖が、いずれも藤綱に仕えたという伝承なども記されている。

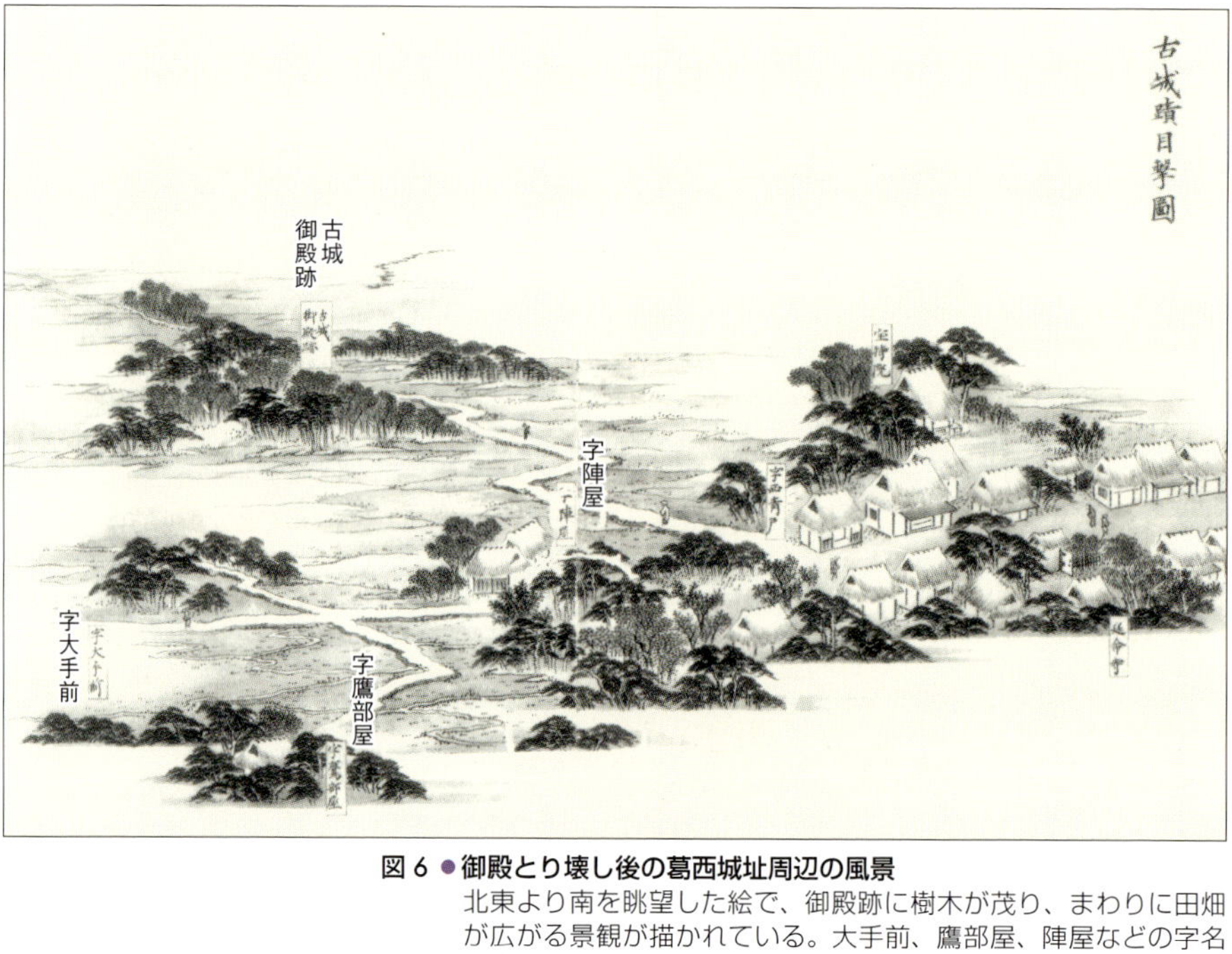

図6 ●御殿とり壊し後の葛西城址周辺の風景
北東より南を眺望した絵で、御殿跡に樹木が茂り、まわりに田畑が広がる景観が描かれている。大手前、鷹部屋、陣屋などの字名も書き込まれている（「古城蹟目撃図」『新編武蔵国風土記稿』）。

この青砥藤綱は鎌倉幕府の評定衆《ひょうじょうしゅう》として仕えたといわれている人物で、正直で公正な行いをしたという逸話が『太平記』などに載っている。なかでも夜に鎌倉の滑川に落とした銭一〇文を、五〇文で買った松明で家来に探させたという逸話は、戦前には修身の教科書に掲載されていたこともあって広く知られていた（図7）。しかし、その存在を裏づける鎌倉時代の史料は現在のところなく、実在していたかどうかは不明な人物とされている。

つまり、権勢にもひるまず正義を貫いた官吏として『太平記』などで世に知られた青砥藤綱が、江戸時代に歌舞伎などにもとり上げられ庶民のヒーローとして人気を博し、その伝説が青戸村周辺に仮託され、藤綱の故地として「青砥」という表記が登場するようになったのである。そして御殿山は、地元では青砥藤綱の館跡として伝承されたのであった。

学術調査の前史

この御殿山が考古学的に注目されるようになったのは大正ごろになってからで、鳥居龍蔵が一九二七年に著した『上代の東京と其周囲』のなかに、「立石村附近原始時代の遺跡」として、青砥左衛門の屋敷跡と伝わる青戸御殿山

図７ ● 滑川の銭拾いの図
藤綱にまつわる逸話は多いが、なかでも滑川で落とした銭の話が有名。神奈川県鎌倉には藤綱が銭を落としたとされる滑川沿いに石碑が建っている（「教導立志基」1885 年）。

を紹介している。

同書によれば、当時は高さ約四尺、歩幅で四五〜四九歩程度の方形の高台があって、その上に古墳と思われる丸塚のような土饅頭が二基所在し、そのうち一基には石の龕《がん》が置かれていたという。また、その周囲の畑からは弥生時代の土器も採集されることも報告されている。

その後、本遺跡が注目されるのは戦後になってからで、一九五一年に雑誌『貝塚』にて、可《か》児《に》弘明《ひろあき》が本遺跡を御殿山遺跡と呼称し、弥生時代後期前野町式土器が出土したことを紹介している。可児は、一〇年後の一九六一年、『考古学雑誌』に掲載した論文の「東京東部低地遺跡遺物発見地名」一覧に本遺跡を「湮滅」として記録している。鳥居が報告した方形の高台は、後に実施される環状七号線道路建設にともなう学術的なメスが入るまで存在していたことから、当時「東方の畑」とした地点に都営住宅が建ち並んでいたため、そのような表記になったものと推察される。いずれにしてもこの段階までは、青戸御殿山の地は、弥生時代後期の遺跡として認識され、中世遺跡としてはまだ注目されていなかったのである。

3　葛西城の発見

中世城館の確認

そうしたなか昭和四〇年代に入り、高度経済成長による宅地化・都市化の波が東京の下町にも押し寄せ、都心の外周をぐるりと結ぶ環状七号線道路の建設工事計画がもちあがった。

この道路建設予定地に青戸御殿山がかかることがわかり、一九七一年に葛飾区教育委員会・東京都建設局・東京都教育委員会の三者で、その対応についての協議がもたれ、翌年、遺跡の範囲を確認すべく確認調査が実施されることになった（図８）。

その結果、小規模な発掘にもかかわらず、中世の城館跡が確認された。ここに史料で知られていた葛西城が考古学的に確定されたのである。

本調査と都の史跡指定

それ以後、一九七六年までの第五次に至る予備調査がおこなわれた。その発掘調査による多大な成果のもと、工事で壊される葛西城主郭部の保存要望が出されたが、関係諸機関の調整は功を奏さず、遺跡の中心を貫くように道路建設工事が進められることになった。

これを受けて、本調査として一九八〇年から翌八一年にかけて第六次調査が実施され、総面積約六二二〇平方メートルにおよぶ調査が終了した。そして環状七号線道路開通後には、道路に沿って西側に御殿山公園、東側に葛西城址公園として葛西城跡の主郭部の一部が保存され、一九九九年東京都の史跡指定を受けている（図９）。

図８ ● 調査の視察風景
葛飾区役所関係者の視察。左から４番目の茶色のジャケットの人が一連の調査を指導した加藤晋平調査団長。

葛西城の広がり

葛西城の発掘調査は、現在でも建設工事などにともなっておこなわれており、少しずつではあるが、かつての葛西城の姿が明らかになってきている（図28参照）。

葛西城は、中川（かつての葛西川）西岸に形成された、三〇〇―四〇〇メートルの幅で南北方向に伸びる標高一メートル前後の微高地上に占地している城だった（図10）。かつて御殿山とよばれたところが城跡の中核部で、周辺よりも高く標高二メートルほどである。中川を東側の備えとし、西側に水田あるいは湿地帯が広がる自然地形をうまく活かした縄張りとなっている。

その範囲は、北は国道六号線（水戸街道）の北側にある宝持院付近から、南は青戸八丁目、慈恵医科大学付属青戸病院付近におよぶ（図5参照）。これはあくまでも葛西城の中核部分のことで、城の町場はさらに広範囲にわたるものと考えられる。つまり北側は旧水戸佐倉道付近、南側は京成電鉄線路付近、そして対岸の葛西新宿、これらの地域を含めた広がりが葛西城とその城下の範囲と考えられるのである。

図9 ●御殿山公園に建立された「葛西城を偲ぶ」の碑
賛は加藤晋平調査団長による。碑文の最後には「今は押し寄せる車の波により落城した葛西城を偲んでこの碑を建てるものである。」と刻まれている。

図 10 ● 葛西城址周辺図（昭和 12 年測量　１万分１地形図東京近傍４号「金町」）
高度経済成長前の葛飾区は、駅を中心に住宅や町工場が集中し、いたる所に田畑が広がっていた。葛西城が築かれた微高地上は畑地となり、周辺の低い所は水田となっている。中川の対岸には葛西新宿のクランクが見える。

第2章　葛西城をめぐる攻防

1　関東の戦国時代のはじまり

享徳の大乱と古河公方の誕生

室町時代の八代将軍足利義政《よしまさ》のとき、京都で応仁の乱が起こる。応仁元年（一四六七）のことである。有力守護大名が京を主戦場として一一年間も戦い、さらに抗争は地方にも波及し、戦国時代へと時代が移っていくきっかけともなったことで有名である。

しかし、関東ではその一三年前に、一足早く戦乱の世を迎えていた。

室町幕府は、関東の統治については、最初の武家政権がおかれた故地鎌倉に関東を治める「鎌倉府」をおき、その長官である「鎌倉公方《くぼう》」に足利将軍家の血筋を引く者を派遣していた。そして鎌倉公方を補佐する役目として「関東管領《かんれい》」をおき、地元関東の有力武士を任命して関東を治めさせていた。

しかしこの体制は、京都の室町幕府と鎌倉公方の対立や鎌倉公方と関東管領との確執、有力武士間の権力抗争、お家騒動などが複雑に絡み合い安定したものとはならなかった。永享九年（一四三七）には、室町幕府六代将軍足利義教《よしのり》の命によって、関東管領の上杉憲実《のりざね》が第四代鎌倉公方の足利持氏《もちうじ》を討伐する事件がおこっている。

その後、第五代鎌倉公方には討伐された持氏の子、足利成氏《しげうじ》が就任した。成氏は関東管領の山内《うやのうち》上杉氏、扇谷《おうぎがやつ》上杉氏と抗争をくり返し、鎌倉は不穏な情勢となり、ついに享徳《きょうとく》三年（一四五四）、成氏が関東管領上杉憲忠《のりただ》を殺害したことによって、公方成氏と上杉・幕府方は、関東の諸武士団をまきこんで全面的な戦乱に突入する。これが約三〇年間続く関東

年号（元号）	事件・出来事	葛西城関係	古河公方	北条氏
1454（享徳3）	享徳の大乱	この頃葛西築城	成氏	宗瑞（早雲）
1463（寛正2）		成氏に葛西城落とされる		
1464（寛正3）～1478（文明10）		一時期千葉実胤が葛西に入部する		
1483（文明14）	享徳の大乱終結			
1497（明応6）		大石石見守円城寺平六に打たれる（千葉守胤葛西制圧）	政氏	
1505（永正2）	両上杉氏和睦	この頃大石石見守の後継者葛西入部		
1524（大永4）	北条氏江戸城攻略		高基	氏綱
1525（大永5）		北条勢葛西城に迫る（図13）		
1537（天文6）	北条氏河越城攻略		晴氏	
1538（天文7）	第1次国府台合戦（図14）	北条氏葛西城攻略		
1539（天文8）	足利晴氏と北条氏との婚姻			
1543（天文12）	梅千代王丸誕生			氏康
1546（天文15）	河越城合戦			
1552（天文21）	晴氏家督を梅千代王丸に移譲（図16）	この頃晴氏・梅千代王丸葛西御座	義氏	
1555（弘治元）		梅千代王丸葛西城で元服して義氏と名乗る（図17）		
1560（永禄3）	長尾景虎関東進攻（図18）	葛西落城		氏政
1562（永禄5）		北条氏葛西城再奪取（図19）		
1564（永禄7）	第2次国府台合戦			
1582（天正10）	本能寺の変	義氏死去		氏直
1590（天正18）	小田原合戦（北条氏滅亡）	葛西城攻め落とされる		

図 11 ●葛西城をめぐる年表
古河公方・北条氏の欄は家督継承期間（宗瑞のみ生誕から表示）。

の動乱「享徳の大乱」のはじまりである（図11）。

　何度かの攻防により劣勢になった公方の足利成氏は、鎌倉から味方勢力が多く関東の要衝である古河《こが》（茨城県）に移る。後に在所の地名を冠して「古河公方」とよばれた。ここからおよそ百数十年、「関東の将軍」ともいえる東国の政治権力の象徴である古河公方が生まれたのである（図12）。

葛西築城

　こうして関東武士は、旧利根川《とねがわ》筋をはさみ、西岸に上杉・幕府方、東岸に古河公方勢力が対峙するようになり、なかでも東京低地は、江戸川を境に古河公方勢力に対する上杉氏の最前線

図12 ● **享徳の大乱による勢力図**
旧利根川筋をはさみ、西岸に上杉・幕府方、東岸に古河公方勢力が対峙した。葛西城は上杉氏の最前線となった。

となった（図12）。この動乱を契機に、関東各地では軍事拠点となる城が多く築かれたが、葛西城もこの争乱前後に上杉方の軍事拠点として、青戸に築城されたと考えられる。

葛西城の最初の城主は武蔵守護代大石氏の一族大石石見守で、隅田川を隔てた江戸城の太田道灌《どうかん》とともに、足利成氏の動きを牽制していた。寛正三年（一四六二）から文明一〇年（一四八五）ころまでの一時期、上杉方の千葉実胤《さねたね》が入城したともいわれているが、その後ふたたび大石氏が葛西城に入り、上杉氏領最南端の葛西の守備にあたっていた。寛正二年（一四六一）に成氏が葛西城を攻めたとされる記録（「大関増雄伝」）や、一五世紀後半ころの遺物や堀跡などが発掘調査により発見されている。

2　小田原北条氏の侵攻

当国滅亡の危機

この享徳の乱は文明一四年（一四八二）ごろには和睦が成立するが、文明一八年（一四八六）、太田道灌が主家扇谷上杉氏の定正《さだまさ》に謀殺されるなど、その後も関東の不安定な状態は続いていた。そうしたなかで新たに台頭してくるのが、後に関東一円を勢力下に治めることになる戦国大名、小田原北条氏（後北条氏）である。

大永四年（一五二四）、小田原に本拠を構える北条氏綱《うじつな》は関東進出を企て、江戸城を攻略し、葛西城に迫る。そのときの緊迫した様子は、大永五年扇谷上杉氏の家臣三戸《みと》義宣《よしのり》が越後の長尾為景《ためかげ》に宛てた書状からも知ることができる（図13）。

この書状で義宣は、大石石見守が守備している葛西城へ敵が向かっている旨を伝え、もし葛西城が落ちれば「当国滅亡」と為景に援軍を求めている。葛西城および葛西の地が利根川最南端の最前線となっており、上杉氏の領国経営のためにどれだけ重要な位置にあったかがうかがえよう。

第一次国府台合戦と梅千代王丸誕生

しかし、大永五年（一五二五）の小田原北条氏の侵攻に耐えた葛西城も、天文六年（一五三七）に扇谷上杉氏の本拠、河越城《かわごえじょう》（現・埼玉県川越）が落城すると、その翌年二月二日に、ついに北条氏綱によって攻略されてしまう。

こうして小田原北条氏は武蔵・下総に進出していくが、それは武力のみによらず、古河公方との接近を図り、その権威に入り込んでいく過程でもあった。

天文四年（一五三五）、当時の古河公方足利高基《たかもと》が死去すると、子の晴氏《はるうじ》が公方に就任し、重臣簗田高助《やなだたかすけ》の娘と婚姻して、藤氏《ふじうじ》と藤政《ふじまさ》の二子をもうけた。本来ならば藤氏が次代の古河公

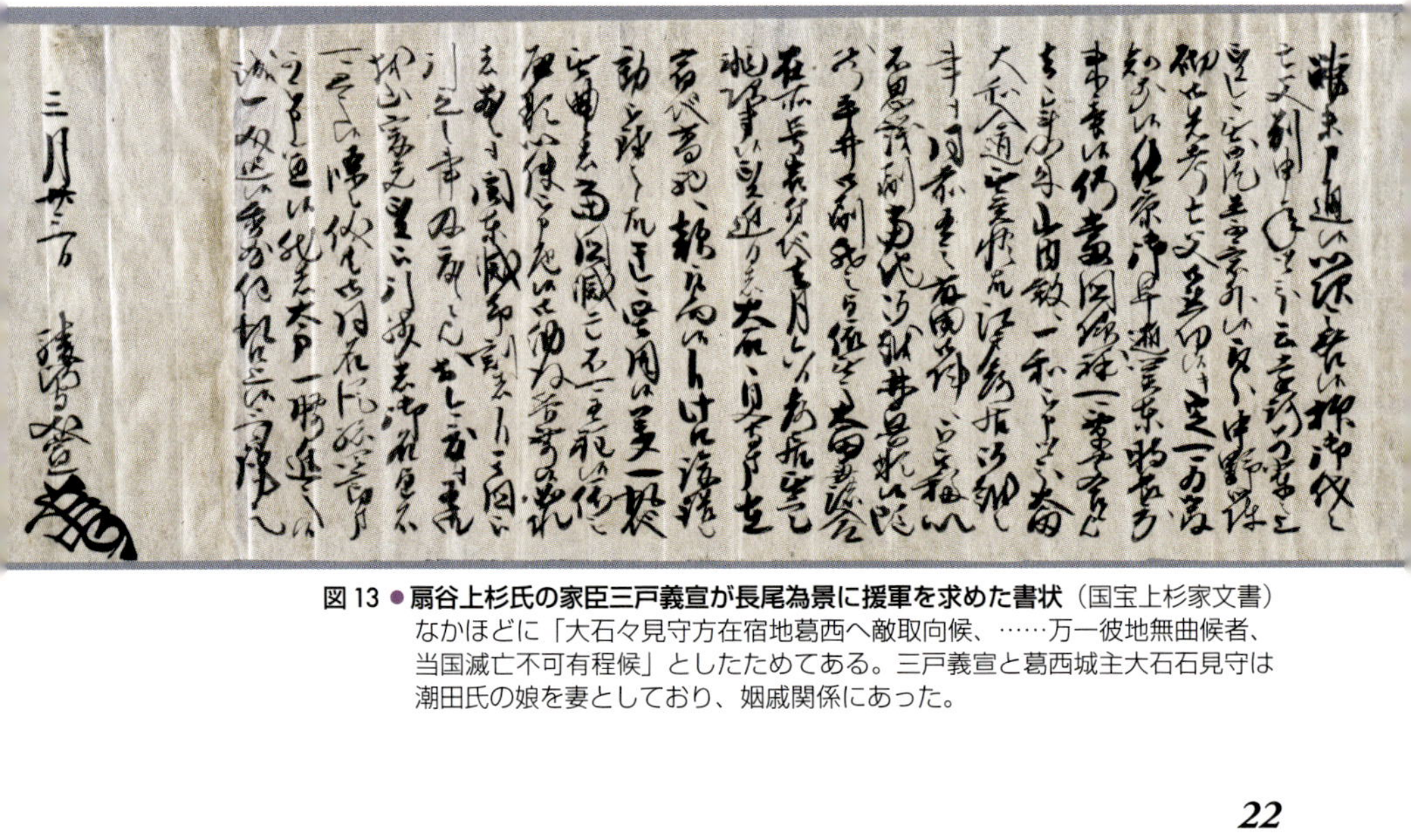

図13 ● **扇谷上杉氏の家臣三戸義宣が長尾為景に援軍を求めた書状**（国宝上杉家文書）
なかほどに「大石々見守方在宿地葛西へ敵取向候、……万一彼地無曲候者、当国滅亡不可有程候」としたためてある。三戸義宣と葛西城主大石石見守は潮田氏の娘を妻としており、姻戚関係にあった。

方に就任するはずであった。それに対して上総《かずさ》の武田氏は、足利高基の弟で僧侶となっていた空然《くうぜん》（後の義明《よしあき》）を還俗させて「小弓《おゆみ》公方」として擁立、房総に勢力を拡大しつつあった。

そして河越落城の翌年、天文七年（一五三八）一〇月、武蔵国境へ侵攻してきた小弓公方足利義明と安房の雄里見《さとみ》義堯《よしたか》は、現在の江戸川をはさんだ国府台《こうのだい》に陣取り、小田原北条氏と対峙する。これが第一次国府台合戦である（図14）。

この合戦で大将の足利義明が討死して小弓公方が滅亡し、葛西地域は完全に合戦に勝利した小田原北条氏の勢力下に入ることになる（図15）。

すると北条氏綱は、古河公方足利晴氏と娘（後の芳春院《ほうしゅんいん》殿）との婚姻を迫り、翌天文八年（一五三八）に婚儀がとりおこなわれ、四年後の天文一二年（一五四三）には、梅千代《うめちよ》王丸《おうまる》が誕生する。この婚姻により小田原北条氏は足利御一家として地位を得ることになるのである。

図 14 ● 国府台合戦を描いた錦絵「北条九代記鴻台合戦」
江戸川の左岸（東側）にそびえる国府台での小田原北条氏と小弓公方足利義明・里見氏との戦の様子を近世の眼差しで描いた錦絵。

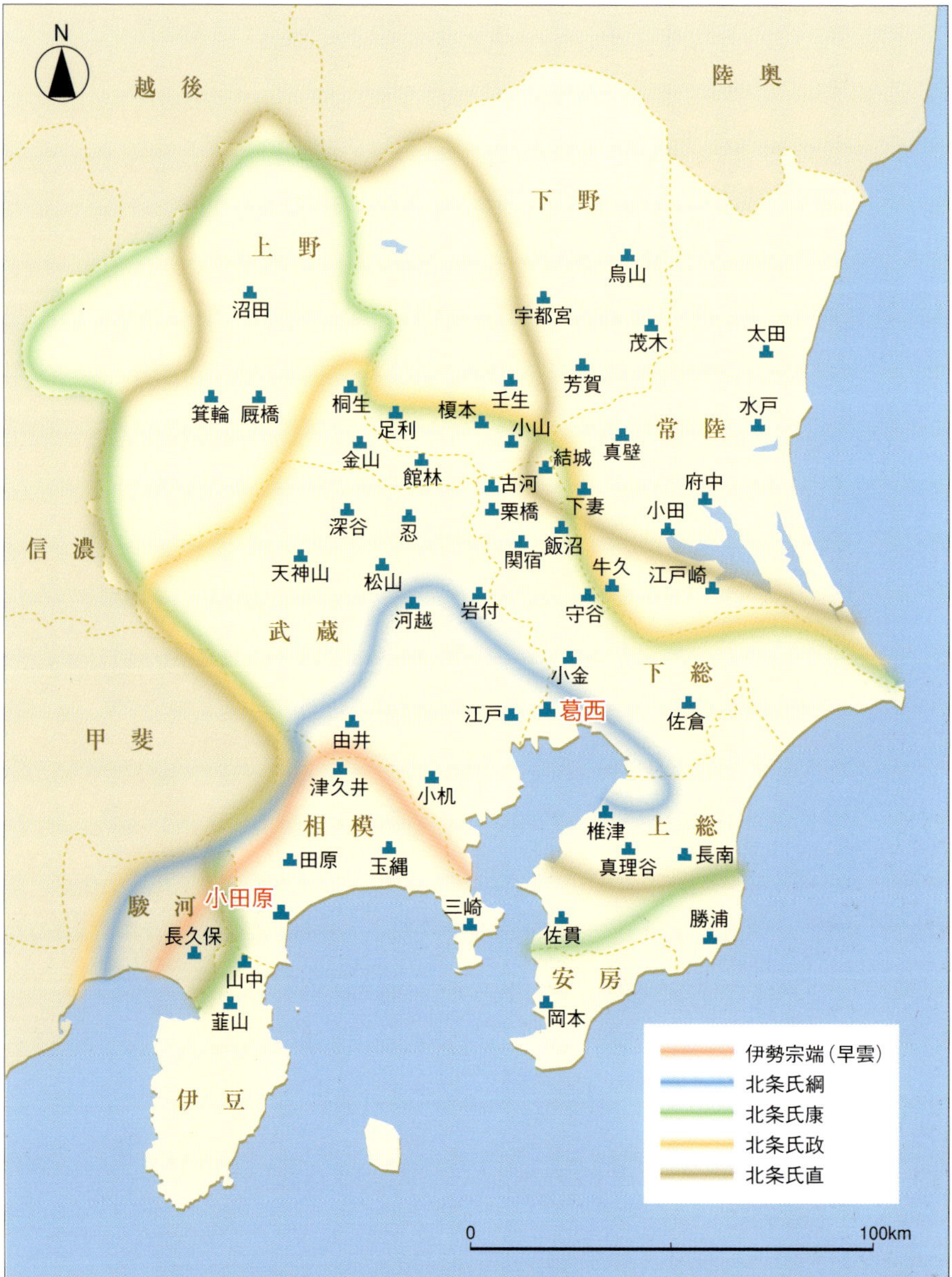

図 15 ●小田原北条氏の勢力図

2 代氏綱のときに関東進出を企て、3 代氏康の頃に勢力を拡大した様子がわかる。葛西城は永禄期まで最前線に位置していた。

3　古河公方足利義氏の元服

足利晴氏の抵抗

一方、古河公方権力の回復を目論む晴氏は、天文一五年（一五四六）、関東管領上杉憲政《のりまさ》の河越城攻めに与《くみ》して小田原北条氏と敵対する。管領・古河公方の連合軍は約七万の兵で北条綱《つな》成《しげ》が三〇〇〇の兵で守る河越城を包囲した。しかし、小田原から救援にむかった北条氏康《うじやす》が有名な河越夜戦を仕掛けて勝利し、晴氏の政治的立場はかえって弱まることになった。

こうして小田原北条氏の権力のもとにとり込まれた足利晴氏は、天文一九年（一五五〇）ころに葛西御座が計画され、少なくとも天文二一年（一五五二）には妻の芳春院、子の梅千代王丸とともに葛西城に入部している。つまり、葛西城は古河公方の御座所となったのである。そして晴氏は小田原北条氏の意向によって、藤氏ではなく、梅千代王丸への家督移譲とみずからの隠居を強いられてしまう（図16）。

しかし天文二三年（一五五四）、晴氏は梅千代王丸へ

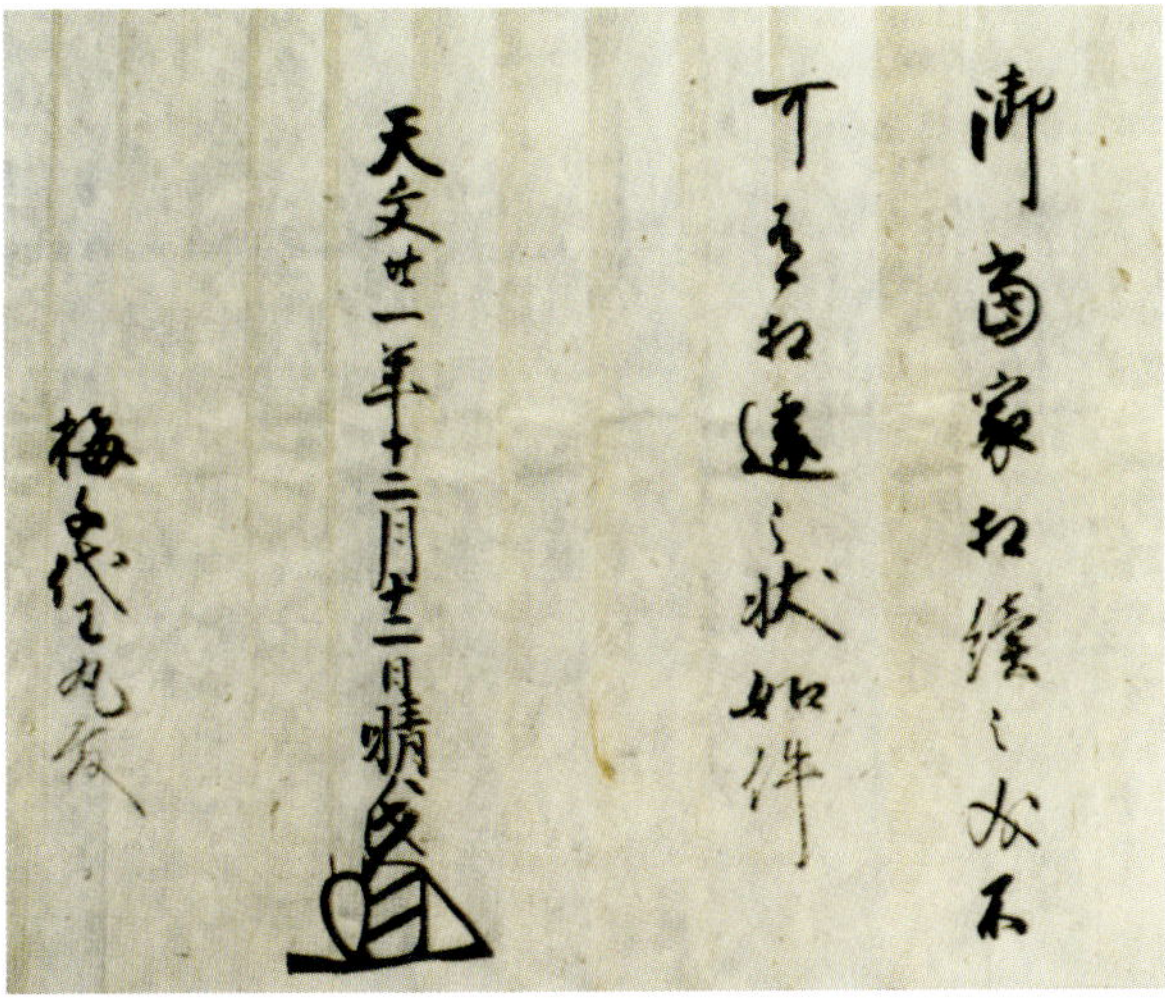
御当家相続之義不
可有相違之状如件
天文廿一年十二月十二日晴氏
梅千代王丸殿

図 16 ● 足利晴氏が梅千代王丸へ家督移譲を記した書状（喜連川文書）
天文 21 年（1552）に古河公方足利晴氏がその息梅千代王丸に家督継承する旨をしたためたもので、古河公方が家督継承のためにこのような文書を作成するのは異例のことである。

の家督移譲に不満を抱き、葛西城を脱出して古河城へ立て籠もり、またも小田原北条氏に対して敵対行動に出た。この抵抗もすぐに鎮圧され、晴氏は幽閉されて政治生命を断たれてしまう。

古河公方足利義氏

その翌年（弘治元年〔一五五五〕）、梅千代王丸の元服の儀式が葛西城でとりおこなわれた（図17）。当時の第一三代将軍足利義輝《よしてる》からその偏諱《へんき》「義」の字を賜与されて「義氏《よしうじ》」と名乗ることとなった。北条氏康は、この元服の儀式に臨席して小田原北条氏の血を受け継ぐ公方の元服を祝ったのである。義氏は、永禄元年（一五五八）四月ごろまで葛西城に在城し、四月一〇日に鎌倉の鶴岡八幡宮へ参詣し、一五日に北条氏の本拠小田原城へ入っている。その後は、葛西城に戻ることはなく、下総関宿城《せきやどじょう》（現・千葉県野田市）へ移っている。

古河公方足利義氏の誕生は、古河公方の権力が小田原北条氏の影響下にとり込まれて形骸化していくとともに、天正一〇年（一五八二）閏十二月義氏の死去によって、古河公方という政治的象徴は姿を消してしまう。

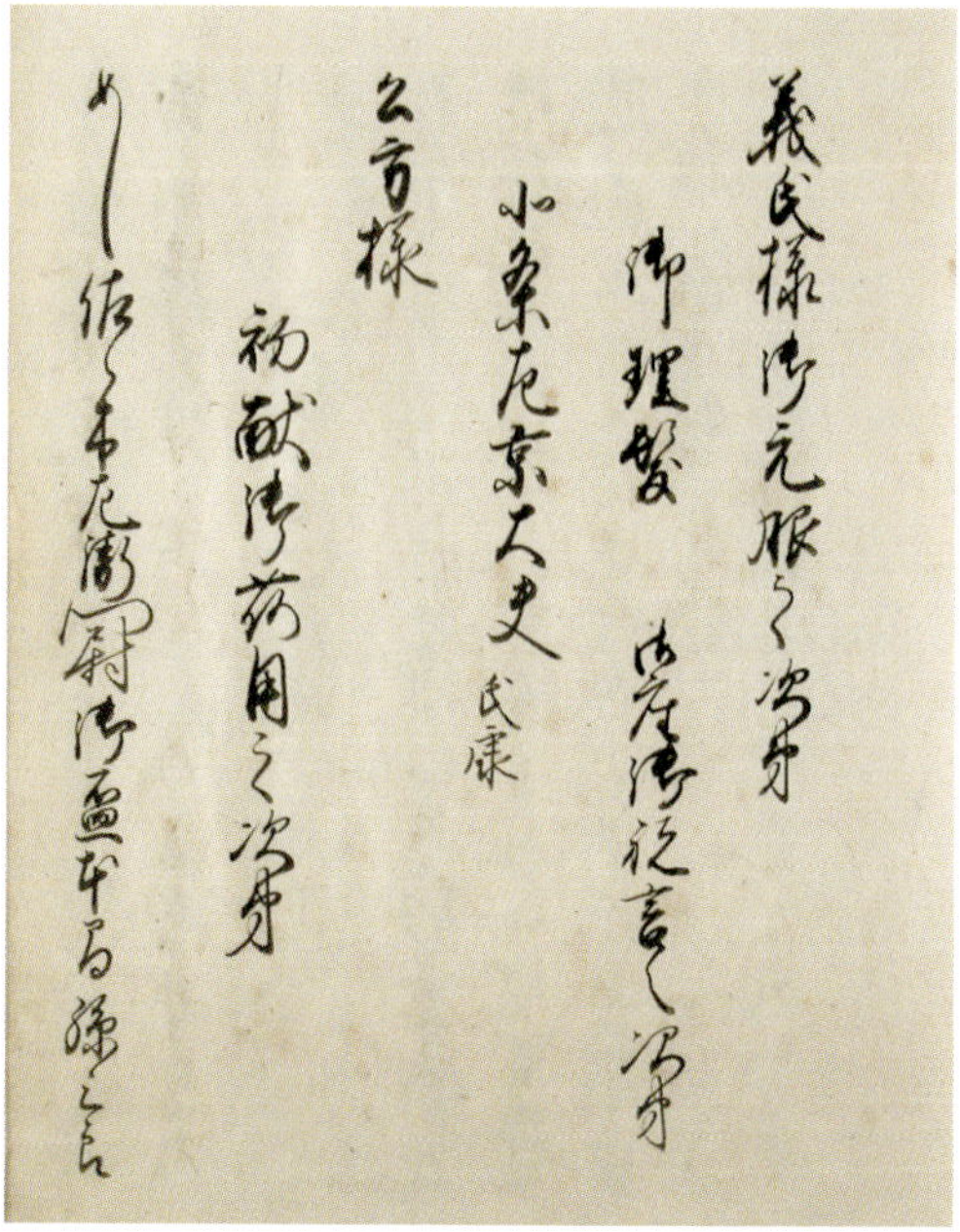

図 17 ● 義氏様元服之次第
天文 24 年（＝弘治元年、1555）11 月に葛西城で梅千代王丸の元服の儀がとりおこなわれた。「理髪」と「三々九度之御祝言」に北条氏康が臨席していることが記されている。

4　落城、再攻略

長尾景虎の関東進攻

永禄二年（一五五九）に「小田原衆所領役帳」と呼ばれる北条氏家臣の知行地と、それに見合った役賦課の台帳が作成されるなど、小田原北条氏の武蔵の支配も安定したかにみえたが、永禄三年（一五六〇）、事態は急変する。長尾景虎《かげとら》（後の上杉謙信《けんしん》）が関東に出陣し、反北条勢力を結集して北条氏の本拠地である小田原城下まで軍を進駐させたのである（図18）。これによって葛西城も反北条勢力の手に落ちてしまい、里見氏方の網代某が入城したと伝えられる。

しかし、永禄四年（一五六一）に景虎が越後へ退去すると、北条氏の攻勢が開始される。葛西城も、永禄五年（一五六二）四月二四日、北条方の太田康資《やすすけ》が攻撃を指揮し、葛西城は反北条勢力から北条氏の手へとふたたび移る。

第二次国府台合戦と関宿開城

しかし、さらに永禄七年（一五六四）、葛西城攻略に勲功のあった太田康資が房総の里見方へ寝返り、これを切っかけに北条氏康と里見義尭の子義弘《よしひろ》は国府台でふたたび戦火を交えることになる。はじめは小田原北条方の名だたる武将が討ち取られ、里見方が優勢であったが、北条方は里見の油断に乗じて夜陰に急襲し、これを撃退する。この合戦を第二次国府台合戦とよんでいる。

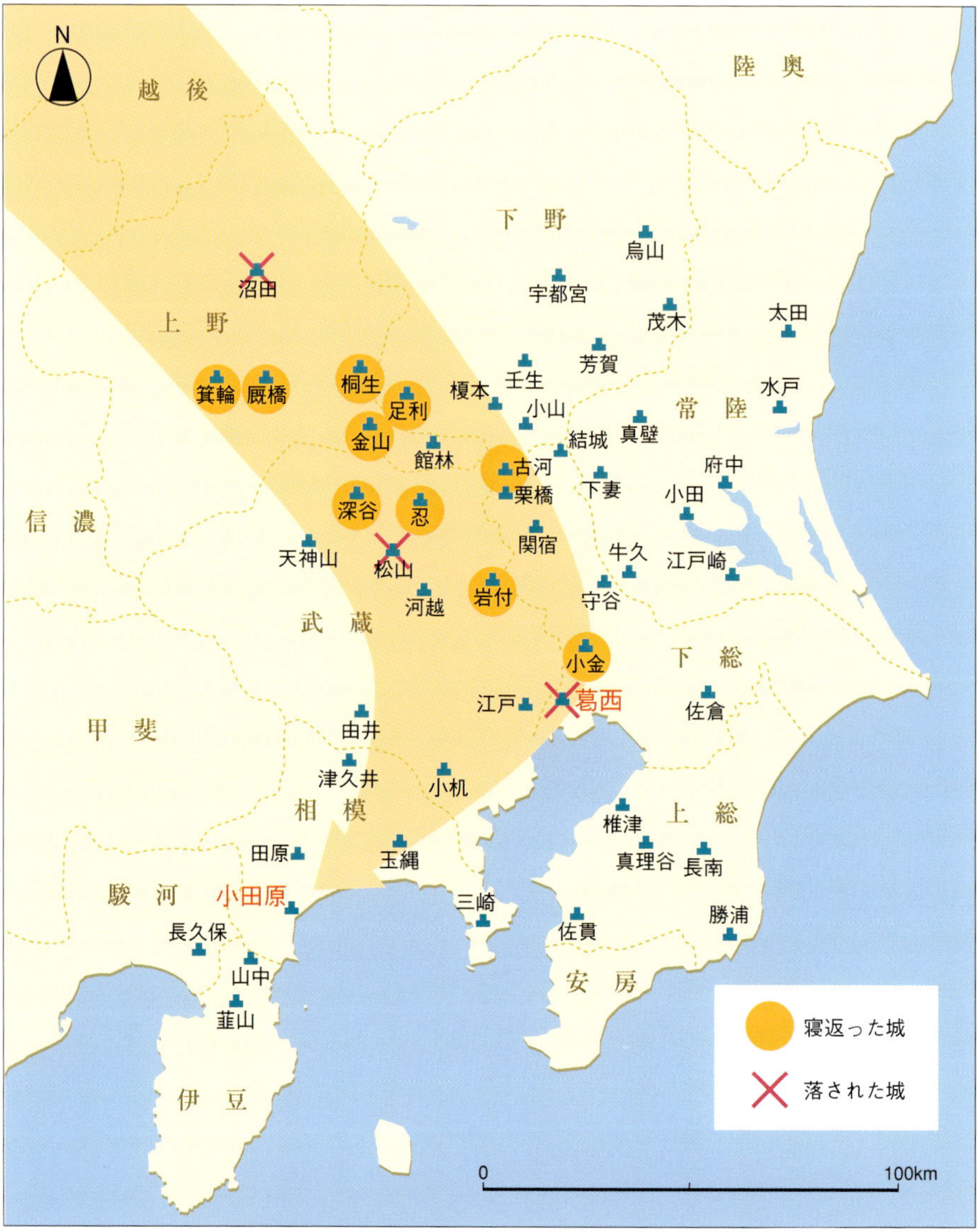

図 18 ● 長尾景虎の関東進攻図

天文 21 年（1552）、山内上杉憲政は小田原北条氏の侵攻に抗しきれず、本拠の上野国平井（群馬県藤岡市）から越後国に逃れ、長尾景虎の庇護を求めた。永禄 3 年（1560）、景虎は小田原北条氏追討のために関東に進攻して小田原方の諸城を攻略した。翌永禄４年（1561）、小田原城攻囲後、鶴岡八幡宮で上杉憲政は山内上杉氏の名跡および関東管領職を景虎へ譲り、ここに景虎は上杉政虎（のちに輝虎、入道して謙信）と名乗ることとなった。

こうして関東に勢力を拡大した北条氏は、天正二年（一五七四）、一国にも値する城とたとえられた、利根川の要衝にある関宿城を攻め、城主の簗田氏は関宿を開城して水海《みずうみ》城《じょう》へ退去した。小田原北条氏は、関宿城を攻略したことで利根川水系の交通をも抑えることになり、葛西地域は上流部の憂いがなくなった。この戦以降、葛西地域は完全に北条氏の領国として天正一八年（一五九〇）の北条氏滅亡まで維持されていくことになる。

北条氏の葛西経営

こうして葛西地域は完全に小田原北条氏の支配下に入り、勢力間の最前線という色彩は薄れていく。長塚孝は、そのような葛西城をとりまく政治的な動向について「房総方面や旧利根川水系の上流から軍事的圧力が除かれたことによって、葛西城の政治的位置は前線

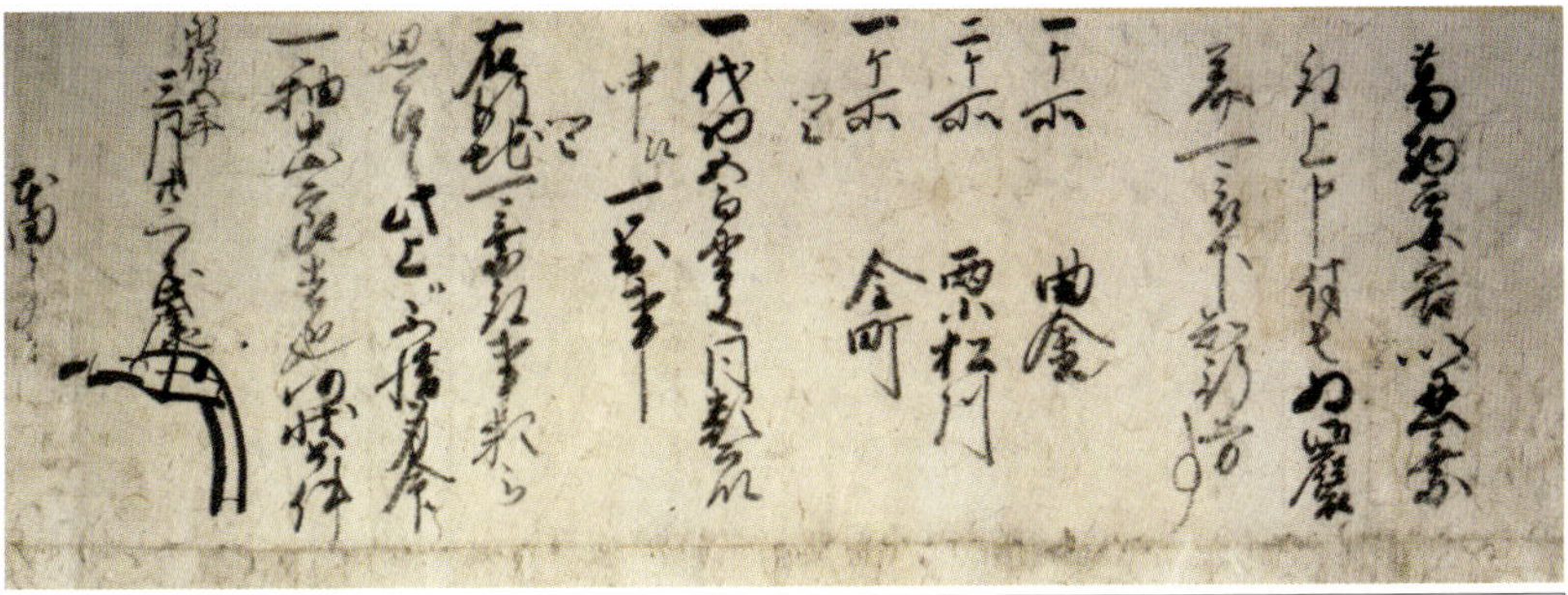

葛西要害以忍乗
取、上申付者、為御褒
美可被下知行方事、
一ヶ所　曲金
二ヶ所　両小松川
一ヶ所　金町
以上、
一、代物五百貫文、同類衆
中江可出事、
以上、
右、彼地可乗取事、頼被
思召候、此上ハ不惜身命、
可抽忠節者也、仍状如件、
永禄五年
三月廿二日氏康（花押）
本田とのへ

図 19 ● **北条氏康が忍びを使って葛西城奪取を画策した書状**（本田文書）
永禄５年（1562）、長尾景虎の進攻によって落ちた葛西城に対して、北条氏康が本田正勝に「忍」を用いて乗っ取ることを命じた書状。氏康は、その褒美として曲金（葛飾区）・両小松川（葛飾・江戸川区）・金町（葛飾区）を与えるほか、正勝に同心した衆中へも代物五百貫文を与えるという条件を示している。

基地から中継・補給基地へと変わりつつあり、境界地域としての機能も、変容していくことになる」と葛西城の役割の変化を指摘している。

「館林盛衰記《たてばやしせいすいき》」などによると、天正期には葛西周辺の兵力が葛西城に集結して各地へ派遣され

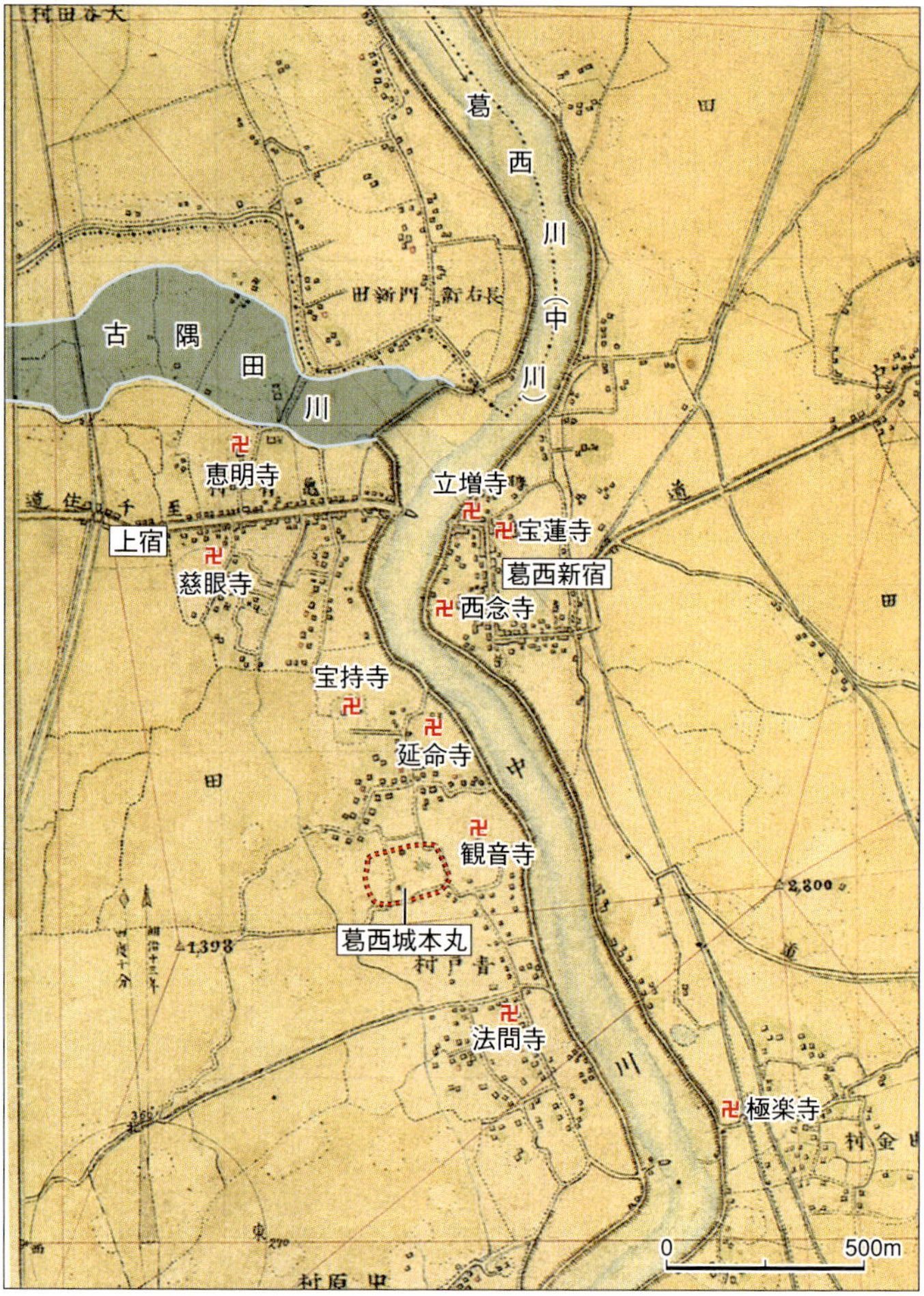

図 20 ● **葛西城と葛西新宿**

（明治13年測量迅速図２万分１東京府武蔵国南葛飾郡新宿町近傍村落）

青戸は、東西に陸上交通、南北に葛西川（中川）の水上交通が交わる交通の要衝であり、上杉氏の政所も置かれるなど都市的な場を形成していた。そこに葛西の要として葛西城が築かれることになる。小田原北条氏時代には葛西城の葛西川対岸には葛西新宿が設けられた。

小田原北条氏は遠山氏に対して葛西川に舟橋を架けるように命じ、交通の確保を図っていた。舟橋は、川に舟を並べて綱でつなぐもので、敵勢が攻めてきた場合、容易に切り落として進攻を阻止することもできた。

ていることから、葛西城は前線基地ではなく、遠く拡大した最前線への補給基地として機能していることが知られる。

また小田原北条氏は、対岸の葛西川東岸に新しい宿場「葛西新宿」の整備をおこない（図20）、城下の開発を進めている。永禄一一年（一五六八）には葛西新宿の伝馬役を定め、天正四年（一五七六）には葛西と栗橋間の被官船往復を認めるなど、しだいに利根川流域の情勢が安定していた様子がうかがえる。

天正一〇年（一五七二）五月九日付の「遠山直景《なおかげ》伝馬手形写」には、江戸・浅草・葛西新宿・臼井への交通が確認でき、年未詳であるが天正期ごろの「三月四日付北条家印判状」（遠山文書）でも、葛西とともに浅草に舟橋を架けるよう命じている。これらの史料から葛西と浅草、そして浅草と江戸が小田原北条氏の本拠である小田原から下総方面とを結ぶ重要なルートであったことがわかるのである。

次章では、こうした攻防をくり広げた葛西城の実態を、考古学的発掘調査の成果からみていこう。

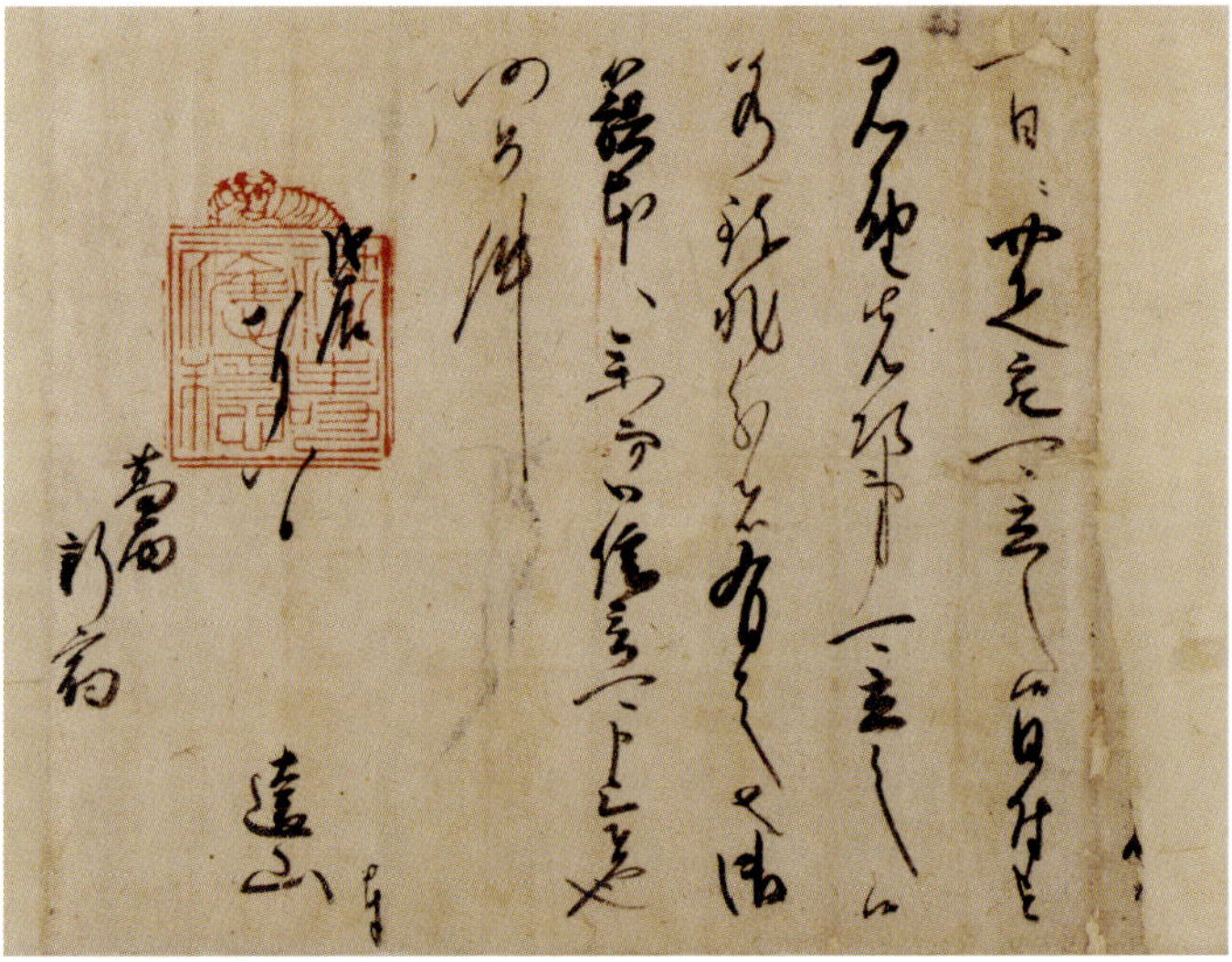

図21 ● 葛西新宿が初めて登場する文書（遠山文書）
前半部分が欠落しているが、永禄11年（1568）に小田原北条氏が江戸城代遠山政景を奉者として印判状を発給し、一日あたり四疋の伝馬役を負担するよう命じた文書。葛西新宿がこの時点で設置されていたことがわかる。

第3章　よみがえる葛西城

1　環状七号線道路というトレンチ

長さ約二六〇メートルの巨大なトレンチ

一九七四年から八一年まで中断をはさみながら実施された、環状七号線道路建設にともなう発掘調査（図22）。約一〇年にわたる調査の総面積は六二二〇平方メートルにおよび、調査によって掘り起こされた土量は、三メートル近い深さを有する堀の調査を換算すると、一万立方メートルを優に超えるであろう。

一九七〇年代以降、大規模開発にともなう発掘調査が全国でおこなわれており、この程度の規模の調査はめずらしくはなかったかもしれない。しかし東京の区部、それも東京低地とよばれる下町地域においては異例の規模の調査であった。それに加え中世城館という新しい時代を調査対象としたのは特筆すべきものであった。

発掘調査の区域は、道路建設ということもあって南北に細長い形状となった（図5参照）。それは幅約三〇メートル、長さ約二六〇メートルの巨大なトレンチ（調査溝）にもたとえることができよう（図23）。

この巨大なトレンチのお陰で、本丸をはじめとする郭や構築された遺構群、それにともなう遺物だけでなく、古代や葛西城以前の中世前半、落城後の近世青戸御殿などの歴史を物語るさまざまな資料が発見されている。

残念ながら巨大なトレンチ内は、発掘調査後、道路建設によって破壊されてしまい、いまは都内でも有数の交通量を誇る幹線道路となっている。それにしても見事に葛西城の中核部を南北に貫いた形になっていることに驚きと悔しさの入り混じる複雑な思いが募る。だからこそ、その傷跡から掘り起こされた歴史をきちんと整理し情報の発信と資料の保存に努めねばならないと思うのである。

図22 ● 葛西城および青戸御殿の主郭部の堀の発掘調査風景
小田原北条氏時代の本丸（右手）北側を画する堀（ⅡE堀）で、写真は小田原北条氏時代から青戸御殿時代にかけて架けられていた表門に連絡する橋脚部分の調査風景。堀の下層にはＭｆ層と呼ばれるヘドロ質の小田原北条氏時代の堆積層があり、それをとり除くと湧水が激しくなる。

古代の遺跡

第1章で述べたように、ここは決して海でも何もないわけではなかった。葛西城以前の古代に属する部分は御殿山遺跡と呼び、もっとも古い資料は弥生時代後期から古墳時代前期のものである。

資料的に充実してくるのは古墳時代前期になってからで、竪穴建物、掘立柱建物、方形周溝状遺構、井戸、溝、土坑、小穴群などの遺構が確認されている。遺物は、多量の甕、壺などの土師器（図25）や、網の錘として用いられた土錘などが出土している。

弥生時代後期になって、いち早く陸化した青戸あたりに人間の活動が開始されるが、まだ定住できる環境ではなかったらしい。古墳時代前期になって、葛西城の本丸を中心とした微高地上に集落を営んでいる。この時期の溝状遺構のなかには規則的に数条並んだ畑跡があることから、集落周辺では農耕をおこないながら、土錘を用いた網漁も営んでいたことがわかっている。

古墳時代中期には集落は途絶え、生活の痕跡は姿を消し

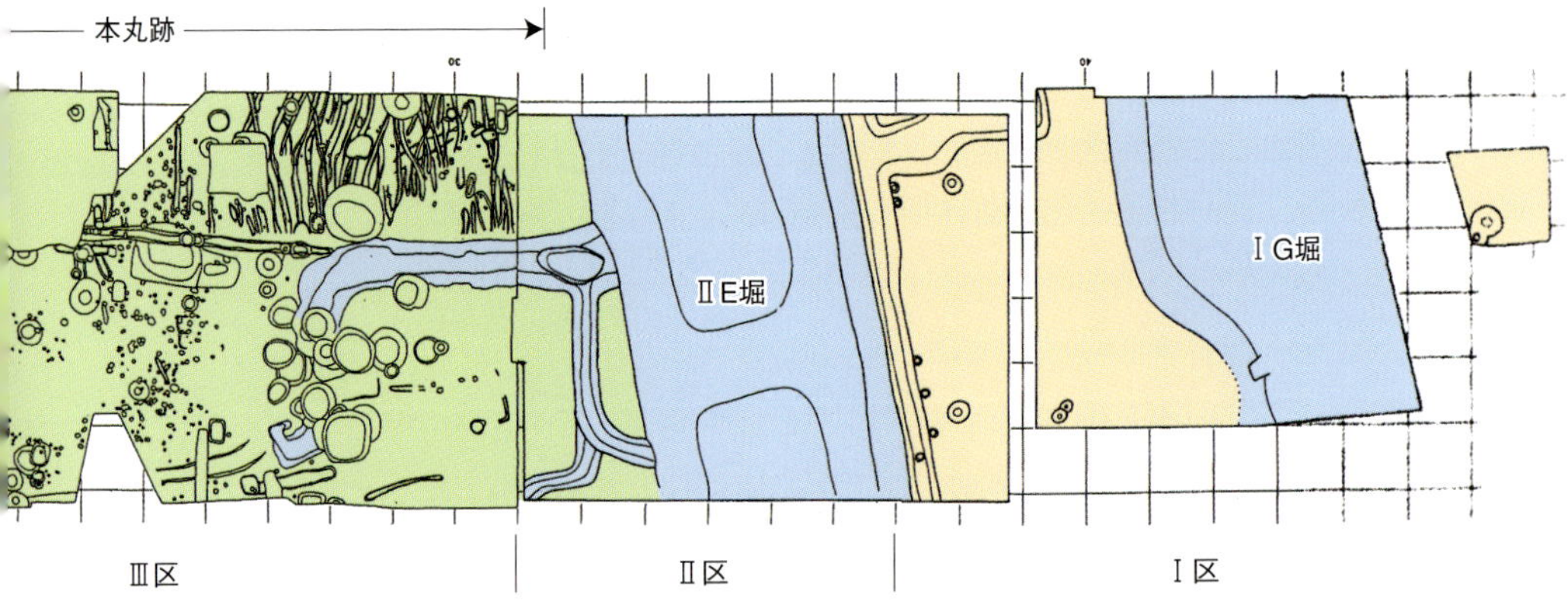

図23 ● 道路建設部分の遺構配置図
道路建設のため細長い調査区となっている。Ⅳ区からⅤ区の北側にかけてとくに堀が錯綜するように掘られている。この地域は本丸の裏手にあたる。Ⅲ区南側の中央に古墳時代前期の方形周溝状遺構や、同じくⅢ区の西側の細い溝状遺構は古代の畑跡である。

図 24 ● **古墳時代前期の祭祀跡**
Ⅴ区の東側隣接地でおこなわれた発掘調査で、大廓式の大型壺が伏せ置かれ、まわりに器台などの土師器が集中して出土している。

図 25 ● **畿内の影響を受けた土師器**（古墳時代前期）
御殿山遺跡からは、S字状口縁甕をはじめとする東海や北関東などの他地域からもたらされた土器や影響を受けた土器が多く認められている。写真は畿内の土師器を真似て在地でつくられたもの。

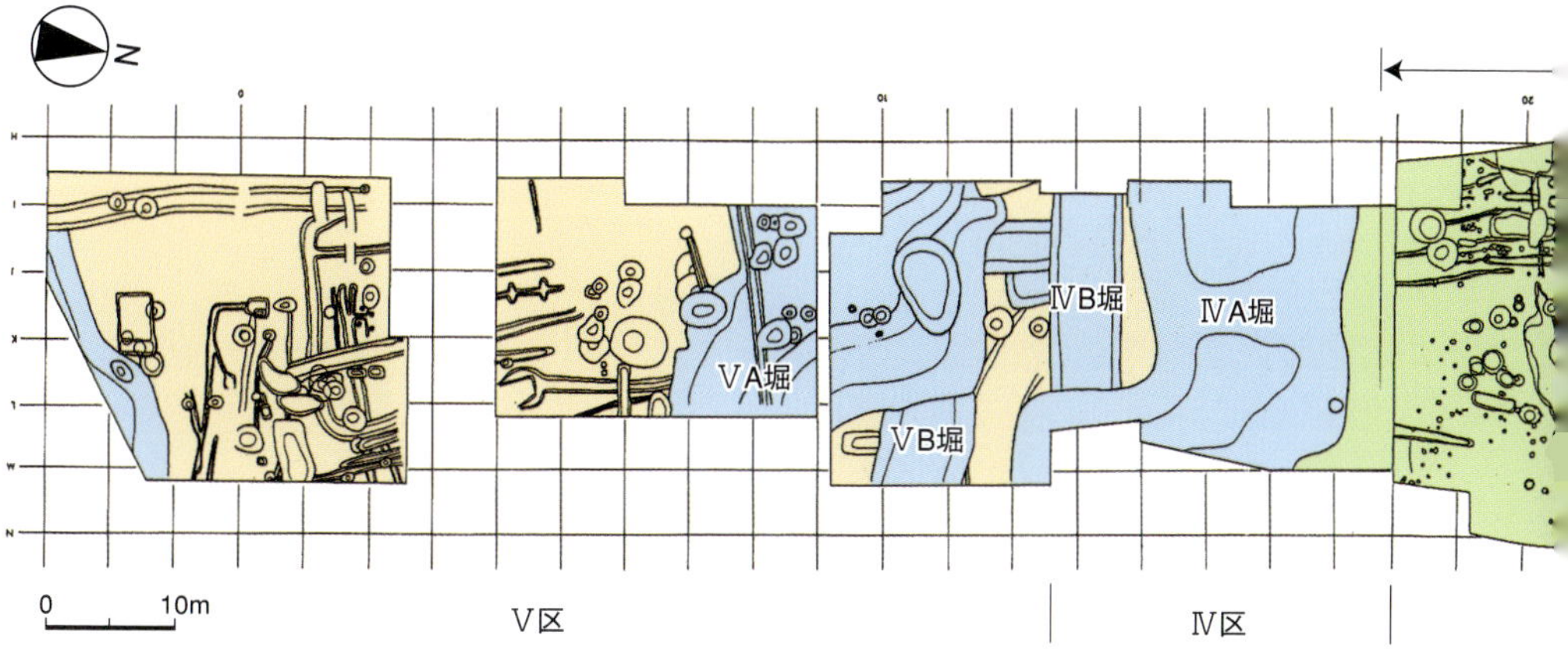

てしまう。つぎの古墳時代後期以降、奈良・平安時代に至るまで、土師器・須恵器の出土が若干認められるが、現段階では環状七号線道路以外の調査地点でも、それらの時期の住居などの遺構は認められていない。古墳時代前期の畑跡の上には有機質の黒褐色粘質土が厚く堆積しており、古墳時代後期以降は居住の場というよりは、耕作地として土地利用されていたらしい。

葛西御厨時代（葛西築城以前）

ふたたび考古資料が増えてくるのは、平安時代末から鎌倉時代になってからである。当該期の遺構としては明確なものは少ないが、遺物としては常滑系や渥美系の壺、甕、鉢、古瀬戸と称する灰釉四耳壺、灰釉・鉄釉瓶子、灰釉水注、山茶碗などの陶器類のほか、南伊勢系土鍋（図26）がある。

青戸のある葛西地域は、一二世紀末―一四世紀前半には鎌倉御家人葛西氏によって治められていた。正応元年（一二八八）の「関東下知状」（中尊寺文書）には、葛西

図 26 ● 南伊勢からもち込まれた鎌倉時代の土鍋
南伊勢系土鍋は、鎌倉からは多く出土するが、鎌倉以外の東国ではあまり出土することはない。しかし、葛西城をはじめ葛飾区鬼塚遺跡など葛飾区内からは他地域にくらべて比較的多くの南伊勢系土鍋の出土が認められる。伊勢をはじめ東海地方と鎌倉とを行き来する船の交通が、東京低地までおよんでいることを示すものであろう。

宗清の代官として青戸二郎重茂が奥州平泉に赴いていることが確認できることから、葛西城から出土する鎌倉時代の資料は、この青戸氏との関連が注目される。

南北朝期になると、葛西氏は葛西を離れ、奥州に支配の拠点を移す。葛西氏に代わって本地域の支配をおこなったのは山内上杉氏である。上杉氏の支配は、小田原北条氏が進出する天文七年（一五三八）まで続く。

葛西城が築かれる前の青戸には、上杉氏の政所が構えられ、菊池氏が代官として入部していた。この時期の遺物としては、瀬戸・美濃系の施釉陶器や常滑系の壺・甕類などがあるが、遺構については葛西築城によって大きく土地が改変されたためであろうか、中世前半と同様に現状では明確に判断しうるものは少ない。

2　堀と本丸

錯綜する遺構

葛西城にかかわる遺構は、小田原北条氏時代の大規模な堀、堀がめぐる郭内の井戸や土坑とよばれる穴跡、溝、建物の柱や柵列などの小穴といったさまざまな遺構が、それも重複して見つかっている。とくに本丸南側のⅣ区の堀（図23参照）は複雑に切り合っており、それだけ城の改変がなされたということを物語っている。

切り合い関係が認められるということは、それらの重複した遺構はすべてが同時期に存在していたわけではない。重複した戦国期の遺構群は何よりも葛西城をめぐる攻防を物語るもので、葛西城が城という役割を保持するために、遺構を構築し、廃棄し、また構築し直すということをくり返した営みの結果なのである（図27）。

葛西城が改修される背景には、敵に備えた防御強化とともに、居住空間や葛西地域の統治機関として施設の拡充、そして古河公方の御座所普請などがあったものと考えられる。

縄張りの復元

では、葛西城はどのような城だったのだろうか。葛西城については中世の文献史料は残っているものの、その姿を描いた絵図などはいまに伝わっていない。

唯一、面影を偲ばせるのは、文化文政期（一八〇四―二九年）著された『新編武蔵国風土記稿』に載る「古城蹟目撃図」（図6参照）と「貞

図27 ● 錯綜する本丸の遺構群
葛西城の本丸からは古代の遺物からはじまり、葛西築城以前の中世前半、政所設置や葛西築城の中世後半、そして近世の青戸御殿に至る長い時間の営みが認められている。なかでも葛西城が築かれてからは城の改修などにより、遺構が重複しあった状態で確認されている。

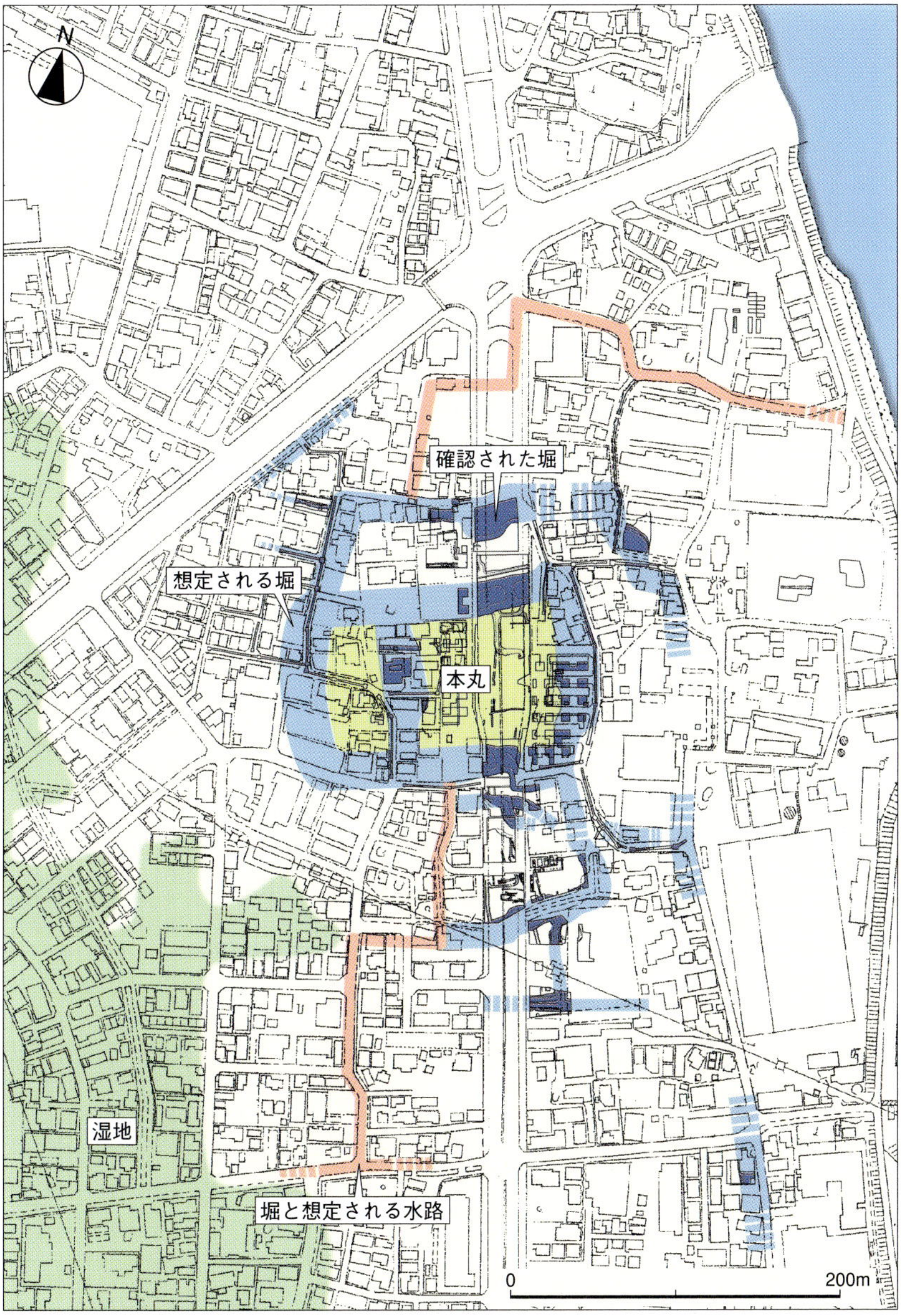

図 28 ● 葛西城縄張り想定図
本丸のまわりに郭が展開している様子がうかがえる。上手の方、葛西川（中川）から水をとり入れ、堀をめぐらして微高地に沿って南北方向に郭を配置したのであろう。

享年中御殿蹟図」くらいであろう。それらも近世の青戸御殿の主郭部や故地の俯瞰眺望であって、参考になるものの縄張りまでを復元することはできない。

葛西城の落城後、その地には青戸御殿が築かれるが、御殿廃止後には堀や土塁は削平されたり、埋め立てられたりして、多くは耕地化してしまった。その耕地も近代以降は宅地化により姿を変え、戦国の城があったことをうかがわせる景観は残っていない。それでも発掘調査がおこなわれた昭和四〇年代から五〇年代までは、御殿山周辺には用水路がめぐり、その脇には古木が生い茂る古城らしい景観が残っていた。また、「城ノ前」「大手」「四輪」など城に関係する字名も、かつての城の広がりを知るうえで貴重な資料といえる（図5参照）。

また、発掘調査によって、葛西城の堀が用水路や生活道路に形を変えていることが判明し、本丸以外の郭の存在も次第に明らかになってきた。図28はそれらの情報をもとに本丸周辺の小田原北条氏時代の縄張りを想定したものである。

小田原北条氏時代の葛西城の縄張りは、本丸とそれをとりまく堀で区画された郭の広がりが南北約四〇〇メートル、東西約三〇〇メートルの範囲で、そのまわりにも堀と推定される水路跡が南北に展開し、城全体はさらに広がりを見せるものと想定される。

本丸

Ⅱ区E堀とⅣ区A堀と命名された堀が本丸の北側と南側を画する堀である。その後、下水道敷設工事や公園造成工事にともなう発掘調査によって、このⅡ区E堀とⅣ区A堀と連絡する同

図 29 ● 小田原北条氏時代の本丸と上杉氏時代の堀
小田原北条氏時代の本丸の堀に切られる上杉氏時代の堀跡が数条発掘されている。図からも小田原北条氏時代にくらべ小規模であることが確認できよう。

規模の堀が東、西側で確認され、それらの堀がⅢ区とよばれる地区をとりまくように連結することが判明した。このことによって葛西城の主郭部、つまり本丸の位置を押さえることができた（図29）。

小田原北条氏時代の本丸は、南北よりも東西方向が少し長い長方形を呈し、東西一三〇メートル、南北七四メートル、面積は約九六二〇平方メートルの規模である。本丸の防御は、広い所で約二〇メートル、深さ二メートルほどの大規模な堀をめぐらせ（図30）、南側には「折ひずみ」を設け、防御の工夫を凝らしている。また、本丸を画する堀を埋めていた土層の観察から、堀の内側には土塁を築いていたこともわかる。

図30 ● 小田原北条氏時代の本丸北側の堀跡
図22の小田原北条氏時代の本丸（右手）北側を画する堀（ⅡE堀）の完掘状況。御殿の主郭部は、葛西城の本丸と堀をそのまま用いている。橋脚が架けられているところは土手状に堀を掘り残しており、小田原北条氏時代から表にあたる橋が構えられていた。写真の橋脚は青戸御殿時代のもので、橋脚には葛西城の建物の柱などの古材が使われている。

「貞享年中御殿蹟図」によると、後の青戸御殿時代に本丸の東寄りの北側に表門、南側に裏門が位置し、各々の門に連絡できるよう堀に木橋が架けられていた。小田原北条氏時代においても同じ位置に連絡路が設置されていたものと判断される。

本丸内には、建物の柱穴とみられる多数の小穴が発見されている。畑の深耕など後世の攪乱が著しいこともあって、すでに失われたものも多く、建物を復元することは困難である。現状では、その配列から柵列や二棟の小型の建物を想定したにすぎず、御主殿など城の中核をなす大規模な建物などについては、残念ながら想定できる状況ではない。ただ、本丸の空間を東西に区分するように南北に貫く溝が走っており、具体的な利用方法は不明ながら本丸の空間構成の一端をうかがわせている。

小田原北条氏による改修

小田原北条氏が奪取する前の葛西城には、上杉方の大石石見守が守備した葛西城が存在していた。小田原北条氏時代の本丸からは、当時の大規模な堀に切られる幅四―六メートルほどの古い堀が確認されている（図32）。切り合い関係やそこから出土した遺物から、この小さ

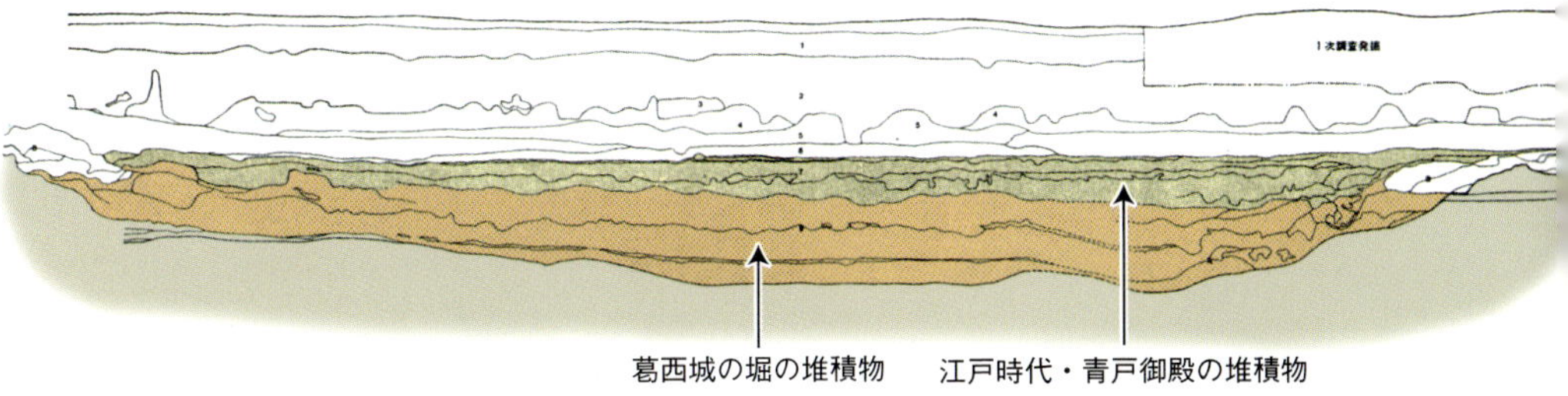

図 31 ● **堀の土層断面図**（Ⅱ区Ｅ堀）
黄色のところがＭｃ層とよばれる青戸御殿時代の堆積層で、その下限は御殿が廃止あるいはとり払われる明暦３年（1657）から延宝６年（1678）ごろと考えられる。茶色はＭｆ層とよばれる青戸御殿以前の小田原北条氏時代の堆積層。

な堀は上杉氏時代のものと考えられる。上杉氏時代の葛西城の縄張りは、小田原北条氏の改修もあって明確にとらえることはできないが、中核部は、古い堀などの遺存状況から小田原北条氏時代の本丸付近にあったものと想定される。

そして小田原北条氏は、本丸の堀の例にみられるように上杉氏時代の葛西城の縄張りを刷新して、戦国の城としての構えを整えたのである（図32）。

それでは、天文七年（一五三八）に小田原北条氏が入部した後、すぐに大規模な縄張りの変更があったとみるべきなのであろうか。その可能性は否定はできないが、大改修の契機のひとつには、古河公方足利晴氏・義氏親子の御座所としての体裁を整える普請が考えられる。

当然、御所となる建物の作事はあるが、古河公方の家臣の屋敷や賄う人びとの施設などを建てる空間をつくり出すためにも、郭の拡張や増設なり、縄張りの変更が余儀なくなる。一方、政治的にも重要な役割を担うことにより、防御面でも拡充が求められたのではないだろうか。

図 32 ● 小田原北条氏時代の堀に切られる上杉氏時代の堀跡
小田原北条氏時代の本丸北側のⅡE堀に壊される堀跡。興味深いのは小田原北条氏時代の堀から板碑とよばれる中世の石造物（図37・59）が出土するが、それ以前の上杉氏時代の堀からは板碑の出土は見られない。

ただし、古河公方と葛西城との関係をいま少し詳細にみると、早ければ天文一九年（一五五〇）ごろの足利晴氏とその正室芳春院、そして梅千代王丸（元服前の義氏）の葛西御座計画と、足利晴氏失脚後の弘治元年（一五五五）におこなわれた梅千代王丸の葛西城での元服式というふたつの画期が考えられる。

いまのところどちらかに求める材料をもち合わせていないが、後で紹介する第八一号井戸と同じ結桶と石組みを備えた第八〇号井戸が大規模な堀によって画された本丸の構えと対応して配置されていることから、少なくとも小田原北条氏の本丸の構えは足利晴氏・義氏親子の御座の段階で整っていたことは確かなようだ。あえて問題点をあげるならば、本丸の縄張りは御所時代には確定していたものの、堀の規模がはたしてはじめから二〇メートルにおよぶものであったかは考古学的に検証することは現段階では難しい。

図33 ● Ⅳ区の重複する堀跡
クランク状に折れる堀と切り合う堀が見られる。右手にはしがらみ状の施設があるが、このように土留めをおこない右手の堀を埋めてからクランク状の堀を構築している様子がわかる。

本丸の堀幅の大幅な拡張は、鉄砲への配慮とも考えられる。一般的には、鉄砲が普及するのは永禄期とされているが、最近の研究では関東には天文二〇年前後にすでに鉄砲がもち込まれていたともいわれ、古河公方の御座とも重なる時期ではある。

しかし、あえて古河公方の御座のほかに大規模な堀の構築の可能性を求めるならば、永禄三年（一五六〇）に長尾景虎による関東進攻によって反小田原北条氏方にいったん奪われ、永禄五年（一五六二）にふたたび小田原北条氏が葛西城を奪取しており、このときに、敵に落とされた葛西城に手を加えるために縄張りを改める普請がおこなわれたとも考えられる。いずれにしても、戦国の城郭としていく度も手が加えられてきたのであろう。

3　穴のなかをのぞく

石塔や板碑を使用した石組みの井戸

本丸をはじめとする郭からは、井戸や土坑とよばれる用途不明の穴、建物の柱穴などのさまざまな遺構が発見されている。それらの穴のなかからは、多くの資料が出土し、葛西城でくり広げられてきた営みを知る手がかりとなる。

本丸にあたるⅢ区から井戸跡が四七基もまとまって発掘された。これは飲料水を確保するために何度もつくり直した結果であるが、葛西城は低地にあり、地下水位が高く、基盤が砂地のため、すぐに埋まりやすいということも作用したのかもしれない。

葛西城では、大きさや井戸側（内部施設）の違いなどから何種類かの井戸の存在が認められるが、ここではじめに第六次調査のⅢ区で発掘された第八〇号（図34）・八一号井戸（図35）を紹介したい。

第八〇号・八一号井戸は石組みを備えた井戸である。石組みを備えた井戸はいまのところこ

図34 ●第80号井戸
凝灰岩などの石材を用いた石組みの井戸。葛西城が築かれた東京低地は、デルタ地帯で石材の入手がきわめて困難な地域である。どのように石材を調達したのであろうか。井戸を埋める際には、中世瓦や板碑などを打ち欠いて充填していた。

図35 ●第81号井戸
石組みの上面が見えるが、排水を止めるとすぐに湧水に満たされてしまう。この石組みを外したのがつぎの図36である。

の二基しか確認されていない。二基とも調査中に壁が崩れてしまい正確な規模は不明であるが、直径二―二・五メートル程度。深さは、第八〇号井戸は確認面より二メートルより下部は湧水のため調査できなかったが、第八一号井戸は二・八メートルであった。二基とも廃棄される際に、瓦や板碑片などを詰め込んで埋めている。

石組には、凝灰岩や砂岩が用いられていたが、とくに第八一号井戸には、宝篋印塔の台座や五輪塔の地輪といった石塔の残欠が転用され、さらに石組みの下には根石として板碑が表を伏せた状態で放射状に敷かれる（図36）など、きわめて入念なつくりであった。

井戸の内側には結桶

さらに第八〇・八一号井戸の構造的な特徴として、石組とともにその下部内側に結桶が設置されていることも特筆される。

図36 ● **放射状に根石として転用された板碑**（第81号井戸）
第80・81号井戸とも石組みと結桶を備えた葛西城でも特異な井戸であるが、第81号井戸は石組みの下に沈下防止のために板碑を根石として転用していた。おもしろいことにすべて表を下にしていることが写真からもうかがえよう。板碑を転用する際のちょっとした気持ちのあらわれなのであろうか。

第八一号井戸からは天文後半から永禄初め（一五五〇年から六〇年前後）の小田原系の手づくねかわらけが出土しており、根石の板碑の最新年代は天文三年（一五三三）であることから、井戸がつくられたのは天文七年（一五三八）の小田原北条氏の葛西城奪取から永禄初めのごろと考えられる。第八〇号井戸もそれと同時期、もしくは近い時代と判断される。

この求められた年代からすると、井戸側に用いられた結桶は、関東において井戸側における初源的な事例として注目されるのである。

金字の板碑

さらに第八一号井戸の発掘では、担当者を驚かす発見があった。石組の実測と写真撮影を終えて、石組みのとり上げ作業に入ったときだった。井戸内は湧水が激しくなり排水が追いつかずに腰まで浸水してしまう事態になったため、水のなかから手さぐりで板碑をとり上げたところ、表面に

図 37 ● 金で飾られた板碑
図 35・36 の第 81 号井戸の根石に転用された板碑をとり上げてみると、写真のように文字に金が貼り込まれ、朱で額線が引かれた板碑が姿をあらわした。つくられた当初の板碑の姿がそのまま残っていたのである。

金字と朱線が鮮やかに施された板碑がつぎつぎと引き揚げられたのである（図37）。

それまで埼玉県秩父産の緑泥片岩を素材とした武蔵型板碑は、石材のもつ青色のイメージで語られることが多かった。しかし、この第八一号井戸から出土した金や朱で装飾された板碑の発見によって、従来のイメージに変更を迫ることとなったのである。

竹垣井戸

竹列を周囲に打ち込んで土留めとした竹垣井戸も本丸やその周辺から四基発見されている（図38）。四基のうち、三基は木製の柱と桟を構造材としたもので、一六世紀代に位置づけられているが、一基のみ木製の柱と桟は抜きとられていたが、中央に桶を設置しており、一七世紀代に廃棄されたものと考えられている。葛西城の井戸の掘り方は円を基本とするが、この四基

図38 ● 竹垣井戸（第77号井戸）
デルタ地帯は石材とともに森林が発達せず、材木資源にも乏しい。この井戸には井戸側に葛西城周辺に繁茂していた竹を部材として利用しており、低地ならではの井戸造りといえよう。

の竹垣井戸のみ方形を呈しており、様相を異にしている。

竹垣井戸の分析をおこなった古泉弘によると、葛西城のほかに、小石川天神下（都立文京盲学校地点）から一七世紀前半から中葉、飯田町遺跡では一七世紀後半、鳩ヶ谷市里字屋敷添第二遺跡から一五—一六世紀の竹垣井戸が確認される程度で、低地ならではの希少な存在であるという。

古泉は、竹垣井戸の中世から近世への系譜的なつながりとともに、近世の竹垣井戸は石渡氏や三橋氏などの小田原北条氏の旧臣とのかかわりがあると指摘している。小田原北条氏の旧臣が竹垣井戸の技術を保持し、継承したのであろうか。いずれにしても低地においては木材資源は乏しく、板材は貴重なものであった。竹垣井戸は、近くに繁茂する竹を有効活用した低地ならではの井戸造りととらえることができよう。

図39●井戸の底から発見された渡来銭
葛西城の井戸のなかからはさまざまな「モノ」が出土し、調査をしているわたしたちを驚かせ、あるときには悩ませ、知的な興奮を与えてくれる。この井戸の底から発見された一括出土銭もまさに驚きの発見であった。

井戸のなかの銭

井戸のなかからは銭が出土することもある。本丸の第八三号井戸からは総数四七七一枚、約五貫文に相当する銭が出土している（図39）。発見されたときには、植物をよった紐に通されて連なっており、「1本の紐にすべてが通され、それがいく筋にも折れ曲がりながら重なっていた」ようだと報告されている。

出土した四七七一枚の銭の種類は五八種類で、李氏朝鮮の朝鮮通宝（一四二三年初鋳）を除けば、ほかは中国で鋳造されたものであり、六二一年初鋳の開元通宝（唐）から一四三三年初鋳の宣徳通寳（明）までのものがみられる（図40）。

最近の研究によると、最新銭の宣徳通寳をはじめとする銭種組成は一五世紀第三四半期以降に該当する組成であるという。

この第八三号井戸は第八二号井戸によって切られ、さらに第八二号井戸は先の第八一号井戸に切られていることから、第八三号井戸の年代は天文後半よりも古く位置づけられ、また上杉氏時代のⅡ区B堀の埋土を切って構築されていことから、小田原北条氏が入部する天文七年以降から天文後半までに時期を絞ることができる。

図 40 ● 井戸出土の渡来銭
五貫文に相当する渡来銭が出土した。写真でも確認できると思うが、通常の出土銭にくらべ遺存状況が良好で、使われていた当時の銅の光沢を保っていた。

土中からまとまった銭が出土することを一括出土銭というが、それを埋める理由については、経済活動や戦火を避けるために「備蓄」したとする説と、土地・地域と人とのつながりを銭貨に託すために供えたとする「埋納」という説が提示され、議論がおこなわれている。本例がそのいずれに属するか判断するには材料不足であるが、どのような意図をもってまとまった銭を井戸のなかに埋めたのであろうか。井戸のなかには、現代のわたしたちには簡単には理解できないさまざまな歴史が残されている。

焼け跡処理穴、墓壙、儀礼の穴、便所

遺跡を発掘すると、竪穴住居や井戸など性格が明らかな遺構のほかに、なんなのか特定することが難しい穴がたくさん確認される。便宜上、それらの穴を「土坑」とよんでいる。発掘後の整理作業によって性格が判明することもあるが、そのまま用途が明らかにならない穴もある。

葛西城からも土坑が多数発掘されている。本丸でみつかった土坑のうち、いくつか注目されるものを紹介

図41 ● 第84号土坑
この土坑は確認当初、炭化物しか出てこない得体の知れない穴であった。掘り進めると、青花器台（図46）や常滑焼大甕（図48）の破片、茶臼（図47）などがつぎつぎと出土した。この土坑は葛西城の城としての格式を示す重要な資料群が埋まっていたのである。

したい。

第八四号土坑（図41）は、長径五・五メートル、短径四・九メートル、深さ一メートルの楕円形の大規模な土坑で、焼けた土や炭化材がいっぱいに詰まっており、それらの埋土に混じって国産や舶載の陶磁器類や茶臼などが出土した。それらの遺物も多くは火熱を被っており、こうした状況からこの土坑は、火災で城の施設が炎上した後に、穴を掘って焼けた器物や灰を埋め、整理した遺構と考えられる。

出土した遺物の年代などから一五五〇年前後に起こったと推定される火災が、葛西城をめぐる攻防による戦火なのか、もしくは失火なのか、にわかに決し難いが、いずれにしても災害による処理遺構と考えられる。

本丸の中心部でみつかった第七八号土坑は直径四〇センチ、深さ六〇センチの小規模な方形の土坑で、このなかから銅製合子と渡来銭二〇枚が出土した（図43上）。おそらく墓壙だったと推定される。

儀礼にかかわる土坑もある。第九一号土坑は、直径二メートルほどの不整円形を呈し、底面は鍋底のように丸味を帯びている。なかから折敷の板と別個体の折敷の台が出土した。宴席か儀礼などの膳

図42 ●第84号土坑から出土した植物遺体
炭化したオオムギやイネに混じってアワ・モモ・ウメ・メロン類などの可食植物や香料のサンショウ、容器として利用されるヒョウタンなどが出土しており、当時の「食」や植物利用の状況がうかがえる。

に用いたものを納めたものと考えられる。

土坑のなかには、まだまだ謎が秘められている。生活に必要な井戸がみつかっているが、当然、飲食の後の生理現象を処理する施設もあったはずである。円筒形の土坑のなかには、便所として使用されたものもあったかもしれない（図43下）。

図43 ● さまざまな穴
上：墓（Ⅲ区第78号土坑）。金銅製の合子や銭が副葬されていた。中：儀礼にかかわる穴（Ⅲ区第91号土坑）。折敷が埋納されていた。下：便所？（Ⅲ区第108号土坑）。小型で深い穴がいくつも穿たれていた。

第4章　戦国を物語る品々

1　泥んこ考古学

遺物が守られる環境

遺跡が低地にある場合、地下水位が高いため遺物が包含されている土層や遺構が水に浸かっている場合が多い。このような環境下では、有機質の遺物などは空気にふれないために、腐食せずに保存される。低地遺跡の魅力は、台地上の遺跡では残りにくい木製品などの有機質の資料が何百年、何千年もの間、朽ちずに保存されていることである。

近年、奈良の平城京の地下にトンネル工法での高速道路建設が計画され、歴史系の各学会や団体から反対運動が起きた。地下にトンネルを通すのならば、遺跡を壊さないと思われるかもしれない。しかし、平城京からは都城ならではのさまざまな資料が出土し、なかでも木簡は古代史研究にかかせない資料として注目されている。平城京の未調査地区の地下にはいまなお多くの木簡が保存されていよう。トンネル工法は少なくとも地下水への影響は避けられない。一〇〇〇年以上もの間、木簡の保存に良好な環境を保ってきたものが、地下水の低下などによって保存環境が変われば、木簡は人知れず地中で朽ち果ててしまうことになるのであろう。

水との戦い

低地遺跡は、木製品や動植物の遺体など有機質の遺物だけでなく、さらには顕微鏡で観察する微細な情報に至るまで良好に保存されている。遺構周辺の植生や水質などの、遺構や遺跡をとりまく環境についても有効な研究材料を提供してくれる。歴史的な環境復元を主眼とした環境考古学という面でも、低地遺跡は重要な存在なのである。

しかしながら、低地遺跡の調査はそう簡

図44 ● **低地遺跡の発掘は水との戦い**
低地遺跡の発掘は、排水をどのようにおこなうか気を使う。汲み上げないと掘れないし、汲み上げすぎても壁面が崩落してしまう。水を含んでヘドロ化した土を掘り込むには、軽くて土が離れやすい穴の開いたスコップを使ったりする。

単にはいかない面がある。低地遺跡の発掘は、水との戦いでもある。葛西城の堀の調査は、筆舌につくしがたいものがあった。水中考古学という言葉があるが、葛西城の場合はそんな体裁のいいものではなく、顔はもちろんのこと体中泥まみれになる「泥んこ考古学」だ（図44）。排水を怠ると、掘ってきれいにしても水かさが増してすぐに冠水してしまうし、何よりも水を吸った泥はスコップですくっても重たくてしまつにおえない。

こうして、やっかいな水やヘドロとの悪戦苦闘のすえ、葛西城からは木製品をはじめとする多種多様な資料が多量に出土した。葛西城から出土した数多くの品々は、いままで古文書や絵巻物でしか描き出せなかった、武士たちの暮らしぶりや戦国時代像をわたしたちに教えてくれるのである。

2　茶の湯と高級陶磁器

武士のステータスを示す威信財

「唐の物は、薬の外は、なくとも事欠くまじ。」

これは吉田兼好『徒然草』（第一二〇段）の一節である。実生活に役立たない贅沢な中国の品々を遠路航海し船いっぱいに積み込んでもち帰っていることを「いと愚かなり」と断じている。『徒然草』が書かれた一四世紀が、いかに唐物への憧れが強かったかを物語っている。

中世を通じて武士たちは、舶来の高級な品々を珍重し嗜好していた。茶入一つが一国と同じ価値を有するという織田信長にまつわるエピソードからも、戦国の世の焼物に対する嗜好の一端がうかがえよう。

実際、中世・戦国の城館からは、茶道具や座敷に飾られたであろう中国製の高級陶磁器が出土することがある。同時代の明の中国陶磁器のほか、骨董品的価値を有する数百年前の南宋や元の高級陶磁器の出土も目立っており、当時の武将たちがいかに唐物などの舶来品を嗜好していたかを物語ってくれる（図45）。

領主などの武士の屋敷や館は、京都の将軍や管領の屋敷構えをまねて、主殿、会所、庭園を備え、儀式空間のハレと生活空間のケとに空間を分けたつくりになっていた。そこでは高級陶磁器はハレの空間における座敷飾りのアイテムとして欠かせない存在であった。

それは小野正敏が指摘するように、骨董趣味的なたんなる嗜好品ではなく、武士社会における富

図45●舶載青花碗の出土
小田原北条氏時代の本丸の堀から中国明代の景徳鎮窯の青花碗が完形で出土した。見込み（内面底面）には円を描く細かな擦痕が認められることから、茶器として用いられた可能性がある。右手には漆椀が見える。

と威信を示すステータスシンボルであった。つまり、それを所有する武士の家格を示す「威信財」として重要なアイテムだったのである。文献史料や絵画資料からは、これらの威信財が屋敷内の武家儀礼をつかさどるハレの空間に飾られたことがわかる。

青花器台と茶臼

葛西城でも、本丸から発掘された第八四号土坑から、中国製の青花器台や茶臼の優品、伝世品と思われる古手の常滑焼大甕などが出土している。

青花器台（図46）は、瓶などを載せる台で、破片で出土したがほぼ全容がうかがえる資料である。青色の染付で、推定される大きさは上部の外径一七・八センチ、底径一一・六センチ、高さ一四・五センチである。庇状に平折した器座には蔓草のような文様が描かれ、直立する頸部には花をあしらった唐草文がめぐっている。胴部は上半部に最大径をもちながら底部にかけてすぼまりをみせ、六つの大きな透かし窓が設けられている。

胴部の文様は、透かし窓の縁と透かし窓の柱部分に縦位に青色を施してある。亀井明徳によって、ビーズ珠文とよばれる、青花では特異な貼付が本来は施されていたことが指摘されており、元代の青花器台は優れた作行をもつものが少ないなかで、本品は優れた資料であり類例も少ないという。

一緒に出土した茶臼（図47）は、上臼の上縁と下臼の受け皿の一部を欠損するものの全体的に良好な資料である。この茶臼の特徴は、上臼に施された精巧な蓮弁文様である。一般的には方形や円形の文様があしらわれるが、桐山秀穂によると、蓮弁文様は一四世紀から一六世紀にかけて認められ、全国で八遺跡しか出土していない特異な茶臼であるという。出土している遺跡は、京都や博多などの都市遺跡や鎌倉の円覚寺などの寺院や城といった、富裕層や支配層が居たところである。

蓮弁文様は、もともと中国製の茶臼にみられる特徴的な文様で、中国の「唐茶磨」とよばれる茶臼の影響が認められる高級品である。興味深いのは、上臼と下臼

図46 ● 本丸から出土した元代の青花器台
本丸の第84号土坑から出土した中国元代の青花器台で、東アジアのなかでも優れた作風であるという。光沢のある部位が実物破片で、破片の見つからなかったところは展示用に復原している。本来はこの器台の上に瓶が載る。

はいずれも花崗岩製であるが、色調や質感が異なり、本来別個体であったものを組み合わせ直していることである。実用というよりも、この茶臼の存在そのものが重要な意味をもっていたのではないかと推察される。青花器台とともに威信財として座敷飾りや茶の湯などに欠かせないアイテムであったのだろう。一緒に出土した常滑焼の大甕（図48）も鎌倉時代末の製品であり、骨董的価値を有する資料である。

そのほか「編み籠状木製品」（図49）が堀から出土した。アケビの蔓で編んだもので、籠状といっても底部と蓋はなく、中央部がくびれ、口縁部にかけて内湾状に開く筒状のもので、天目茶碗を載せるための天目台と考えられる。葛西城で点じられていた茶の湯の風景を考えるうえで貴重な発見といえよう。

図 47 ●蓮弁を刻んだ茶臼
本丸の第 84 号土坑から出土した蓮弁文様のある茶臼で、いまのところ全国で 8 遺跡しか確認されていない高級品であるという。

図 48 ● **常滑焼の大甕**
この資料も本丸の第 84 号土坑から出土したもので、年代的には口縁部やプロポーションから鎌倉時代後半に位置づけられる。実用品というよりも骨董的な価値を有する一品と考えられる。

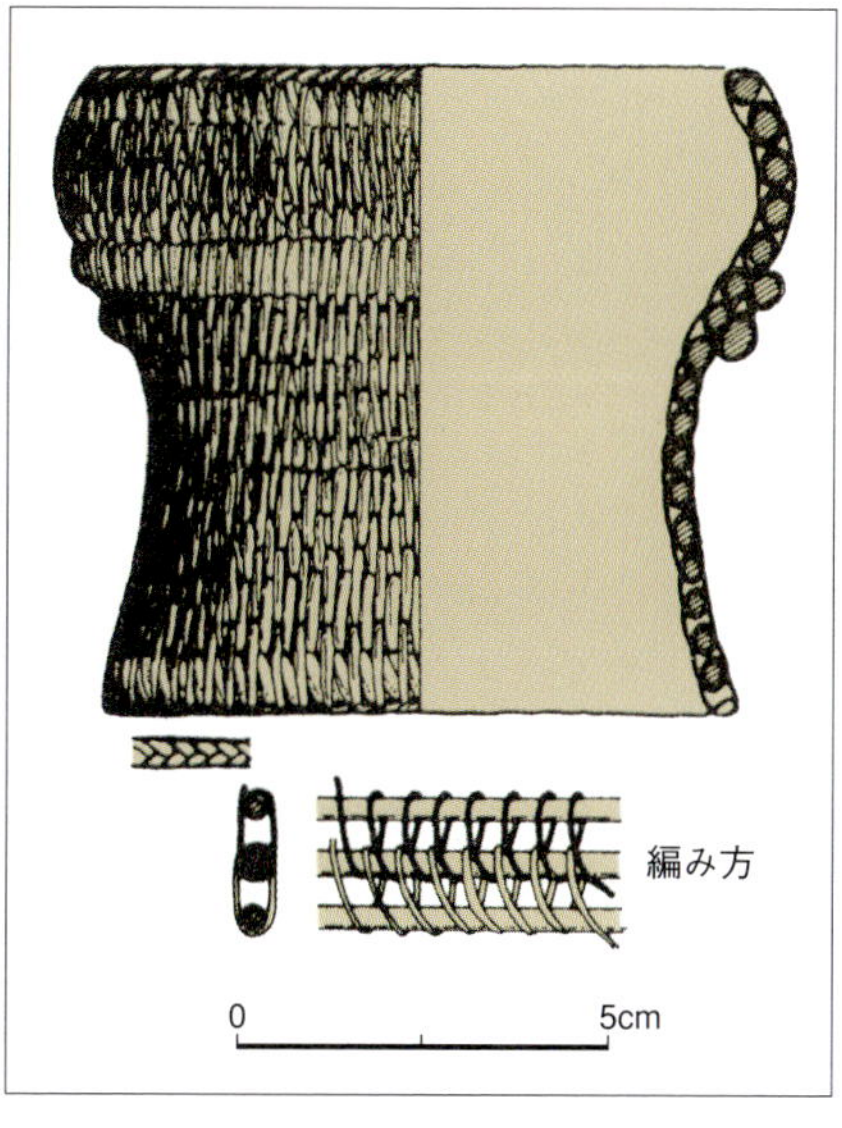

図 49 ● **アケビの蔓で編まれた天目台**
遺跡からの類例の知られない資料で、調査を担当した宇田川洋は天目台と考えられるとしている。低地遺跡である葛西城ならではの資料といえよう。

3　城内の暮らしぶり

饗宴

「式三献」をはじめとした武家儀礼は、主君と家臣との主従関係を確認するハレの催しとして室町幕府にとって重要なものであった。式三献とは、かわらけを三枚重ね、一献で一つ目の盃に三度酒が注がれ、二献で二つ目の盃に三度、三献で三つ目の盃に三度酒が注がれる。一献ごとに、熨斗鮑、搗栗、昆布などの肴が出された。三献で酒は都合九度注がれることになり、現在の婚礼の際におこなわれる盃事の三々九度の謂れとなっている。

式三献がとりおこなわれると、宴が催される。夜を徹して酒宴や芸能までも交えた饗宴がおこなわれることもしばしばあった。この式三献や饗宴の際の酒を酌み交わす盃として、「かわらけ」は欠かせないものであり、正式には京都系の手づくねかわらけが用いられた。

このような室町幕府の武家儀礼が、御所の主殿と会所といった空間構成をもった建築様式とともに地方の領主にも浸透し、各地でも催され、領主と家臣との主従関係や絆を深める装置となった。

葛西城においても、式三献を含めた饗宴を偲ばせる資料が出土している。本丸から発掘された石組と結桶を備えた第八一号井戸からは、京都の手づくねを真似た小田原系の手づくねかわらけがまとまって出土している（図50）。またこの井戸からは、薄い板の四方を切り落とした膳として用いる小型の折敷や、蒲鉾の台と思われる木製品（図51）が出土しており、饗宴で使

図 50 ● **小田原からもち込まれた手づくねかわらけ**
小田原でつくられた手づくねかわらけで、葛西城では堀からの出土は少なく、本丸に構えられた第 81 号井戸からまとまって出土している。

図 51 ● **蒲鉾の板**
第 81 号井戸から 6 点出土している。古泉弘によると、正式には「小板蒲鉾」と呼ばれ、魚のすり身を塗り付けて炙って食したという。東京都内の 4 遺跡から出土が確認され、葛西城の資料がいまのところ最古の例であるという。

図 52 ● **折敷の出土**
饗宴には料理を載せる折敷は欠かせない道具のひとつである。写真は堀から出土した折敷で、側板の残るいわゆる白木の「角折敷」の類である。側板は竹皮と思われる紐で留められている。

用されたものを井戸内に廃棄した可能性が考えられる。このように葛西城では、武家の儀礼として饗宴が本丸内で催されていたことがわかる。

厨房と食生活

先に記したように葛西城では残念ながら、構築されていた建物の具体的な様子はわかっておらず、カマドなどの火処や調理がおこなわれた厨房などの施設も不明である。しかし、そこで用いられた器材や、食に関するさまざまな資料が出土しているので（図53）、断片的ではあるが厨房や食事の様子をうかがうことができる。

火処は、鹿角製や木製の自在鉤が出土していることから（図54）、囲炉裏の存在が浮かび上がってくる。そこに内耳土鍋などを吊し使っていた。鉄鍋も使われていたであろうが、葛西城からは出土していない。内耳土鍋にはいくつかの種類がある。外面に細かな刷毛目を残す葛西タイプとよばれる特徴的な土鍋のほか、胎土に金雲母を含む常陸方面でつくられた内耳土鍋なども搬入されている。また、一点ではあるが鉄鍋の形を模倣したと思われる小振りの三脚付のものもみられる。鍋で煮込んだ食べ物を食器に分ける木製の杓子や口に運ぶための箸なども出土している。

常滑焼のこね鉢や瀬戸・美濃焼のすり鉢などもある。量的にはカキ目の入ったすり鉢が多く出土している。これらの焼物を使って、穀物の粉や魚肉などを練ったりすったりして調理をおこなっていたのであろう。当時、粉食や練り物が盛んに食べられていたことがわかる。

図 53 ●**食に関するさまざまな出土品**
葛西城出土の食器や調理具をまとめて撮影したもので、右奥２点が内耳土鍋、手前の椀３点が漆椀、その手前５点がかわらけで箸を２組載せて撮影している。左奥２点は瀬戸・美濃焼のすり鉢、その手前４点も瀬戸・美濃焼の皿で、黒色が鉄釉、ほかは灰釉がかけられている。

図 55 ●**椀の出土状況**
朱漆で鶴と亀の吉瑞をあしらった高い高台の付く漆椀で、戦国期の特徴的な形状をしている。日常の食器というよりは、饗宴などの儀礼に用いられたのであろう。葛西城からは多量に漆碗が出土している。

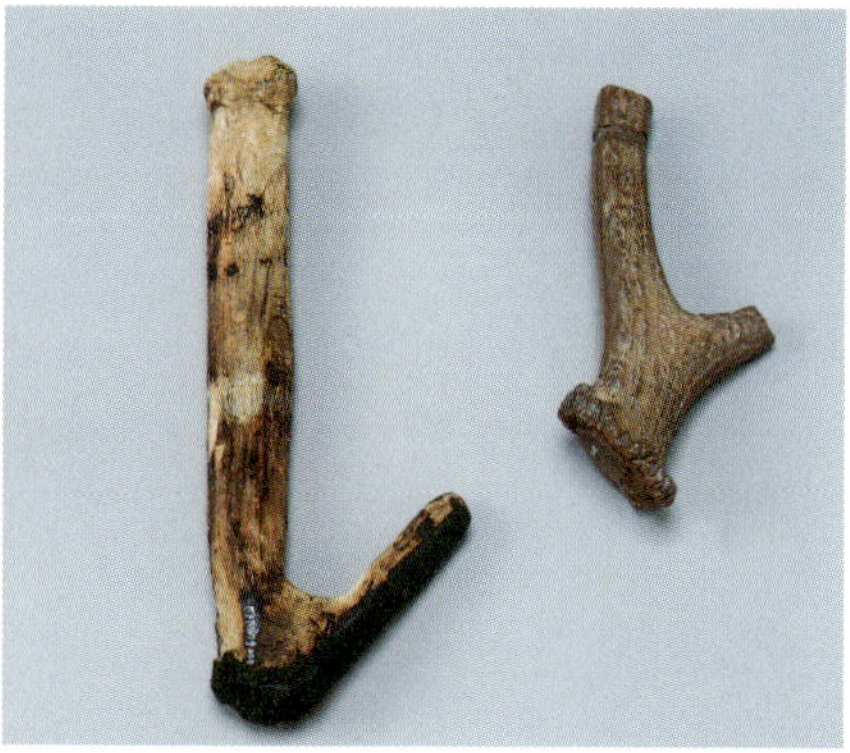

図 54 ●**自在鉤**
葛西城からは木製の自在鉤（左）と鹿角製の自在鉤（右）が出土している。木製の自在鉤の下端部は被熱により焦げている。鹿角製は日常の台所用品というよりは、茶の湯などの限られた使用であったのかもしれない。

食器は、陶器や木器などが使われていた。皿類は陶器で、椀には木器を用いた。木器といっても白木の椀の出土はきわめて少なく、高台の付いた漆椀の出土が多い（図55）。飯や汁物は漆椀が使われたのであろう。

葛西城からは食料や食事の残滓なども出土している。動物関連では、スズキ・タイ・フグなどの魚の骨、マガモ・キジバトなどの鳥の骨、ハマグリ・アワビ・シジミ・マガキの殻などが出土している。青花器台や茶臼などの威信財を出土した第八四号土坑からは、コメ、オオムギ、アワ、ソバなどの穀物類が焼けて炭化した状態で出土している。またクルミ、モモ、トウガン、シロウリなどの実も出土しており、当時の食生活の一端を垣間見ることができる。

図 56 ●鉄釉天目茶碗の出土
堀から出土した瀬戸・美濃焼の天目茶碗で、16 世紀中頃の製品である。

娯楽と嗜み

戦国の武士たちは、日々武芸の鍛錬に勤しむだけでなく、学芸をも嗜むなど「文武弓馬の道」に励んでいた。小田原北条氏の祖、伊勢宗瑞（北条早雲）も「早雲寺殿廿一箇条」のなかで「歌道なき人は、無手に賤しき事なり。学ぶべし」と記すなど、連歌や和歌などは武士として必須であったし、茶の湯も武士の嗜みとされていた。それはコミュニケーションや情報交換の場でもあり、戦国の武士は教養なくして戦国の世を生き抜くことは難しかったのである。言い方をかえれば、戦国の武士は文化の担い手でもあったともいえよう。

葛西城から出土した瀬戸・美濃焼の鉄釉天目茶碗（図56）、茶入れ、茶壺などの焼物や茶臼、アケビの弦を編んだ天目台などの資料は、城内で茶の湯が嗜まれていたことを物語っている。饗応や連歌の席でも茶を服しており、頻繁に茶を楽しんだのであろう。天目茶碗の内面底部には茶を点じた際の擦痕なども観察することができる。出土した舶載の高級陶磁器類は茶の湯でも唐物嗜好の武士たちの目を楽しませたのであろう。

城内では、饗宴や茶の湯だけが嗜まれていたわけではない。余暇には、将棋や囲碁など「盤上遊戯」にも興じていた。双六あるいは賭け事に使われたのであろうか、骨製のサイコロも出土している。他に遊戯に関する資料としては、羽子板など

将棋の駒

サイコロ

羽子板

図 57 ● 出土した遊戯関係の資料
堀からは写真のような遊戯関係の資料も多く、日々武勇に勤しむ武士やその家族の城内での暮らしぶりをうかがわせている。

がある（図57）。

　文房具も武士にとって必需品だった。歌や書状を書き記すために必要な硯や筆軸と思われる資料も出土している。

祈り

　井戸の石組みや間石に、親族の追善や自身の逆修のために造立された板碑や宝篋印塔、五輪塔の残欠が転用されていることはすでにみた。

図58 ● 永享4年（1431）銘のある文字瓦
第80号井戸から出土した。「□寺住侶不動坊、生年::十六□、永享::年壬□六月□」と判読できる。あたかも寺名を隠すように破片の周辺は打ち欠かれた後に断面の調整が施されている。

　同じ石組み井戸には、もうひとつ共通していることがある。それは双方から一五世紀代の中世瓦片が出土していることである（図58）。一五世紀代の瓦は、近隣では浅草寺（東京都台東区）、少し離れて高安寺（東京都府中市）や二宮神社（東京都あきる野市）など、鎌倉府の置かれた鎌倉を除けば南関東でも限られた出土となっている。

　石塔類や瓦の出土は、天文七年に小田原北条氏が葛西城を奪取する前に、上杉氏もしくは大石氏と関わる寺院が建立されていたことを物語っている。瓦はその寺院の屋根に葺かれ、石塔は境内に造立されていたのであろう。小田原北条氏はその寺院を解体し、瓦や石塔を資材として転用したのである。

興味深いことに、葛西城出土の板碑（図59）の年代と数量を整理すると、一五世紀後半から一六世紀前半にピークを迎えるが、小田原北条氏の進攻後には板碑は姿を消し、葛西地域でも板碑の造立はほとんどみられなくなる。同じ戦国期でも、上杉氏時代と小田原北条氏時代では造塔などに変化が生じていることをうかがわせている。

葛西城からは、呪符と形代など中世の「まじない」に関する資料も多く出土している（図60）。呪符とは、鬼などの魔物を追い払うために、鬼

図59 ● 阿弥陀が刻まれた板碑
この板碑も第81号井戸の根石に転用されていた。葛西城からは多くの板碑が出土しているが、すべて秩父地方の緑泥片岩を素材としたいわゆる武蔵型板碑である。本資料には素朴なお姿が刻まれている。

よりも強い神の力をシンボル化した紋様や記号を木札に書き込んだものである。形代は、罪穢を人や動物などの形に模したものに移しかえてお祓いするものである。男性のシンボルを模した陽物形の木製品も出土しており、子孫繁栄や豊作などを祈念したものであろう。

これらの呪符や形代のほかに「斎串」とよばれる木製品が出土している。斎串は「呪《まじな》い」をとりおこなう場所の結界をあらわすもので、聖域を示し、罪や穢を現世に漏らさないとともに、悪しきものが入り込まないように浄化する装置である。

葛西城では、堀やそのほとりに斎串を立て、呪符や形代を家や塀、門に掲げたり、埋めたり、あるいは流したりして、災いを回避できるよう祈っていたことを知ることができる。

動物を模した人形

陽物形木製品

人形

図 60 ●「呪い」に関する出土品

堀からは写真の資料のほかに、齋串や呪符など「呪い」に関する資料の出土が見られる。堀際か橋上で水場を利用した祭祀がおこなわれたのであろう。

城内に居た職人

堀からは多量の漆椀とともに、漆が付着した容器（図61）やヘラなども出土している。当時、漆は、塗装だけでなく接着剤など万能溶剤として用いられており、漆を用いる職人がいたことがわかる。また、木製品のなかには未完成の木地も見受けられ、木地作りが城内でおこなわれていたこともうかがわせており、城内で木地師と塗り師によって漆器の製作をおこなっていた可能性もある。

骨を素材とした加工もおこなわれていた。堀から出土したウシの左橈骨に、幅約一〇ミリの間隔をおいて深さ一四ミリに達する切込みが水平方向に入っていた（図62）。これは加工用のU字型の部材をとるための傷で、鎌倉にも同じように部

図61 ●漆が付着した容器
漆椀の底に厚く漆膜が残ったもので、ヘラ状の工具で漆を捏ねているような形跡が認められる。このほかにも、漆の付いた木製のヘラや面取りした木地やロクロ引きの未完成品など漆を扱う職人や木地師の存在が浮かび上がってくる。

図62 ●加工された牛の骨
おそらく武器武具の類の部品をつくる素材となったものであろう。堀からは木槌・玄翁・錐などの大工道具も出土しており、葛西城にはさまざまな職人が居たことをうかがわせている。

材を切りとったウシの左橈骨が出土している。武器・武具の部品をつくったものと考えられている。

このほかに、木槌、玄翁、錐などの大工道具や、フイゴの羽口などの道具関係も出土しており、木工や鍛冶師あるいは鋳物師など、さまざまな職人が城内にいたことを出土資料は示している。もしかしたら、かわらけや土鍋も城内や近地でつくられていた可能性もあろう。

斬首は語る

幾多の攻防がくり返されてきた葛西城からは、戦国の世を物語る遺物も出土している。鏃（雁股・尖根）、小柄、刀装具、鉛製の鉄砲玉、鎧の小札など武器や武具類が本丸をめぐる堀などから出土した（図63）。鉄砲玉は未使用のものではなく、撃たれた後に何かに

図 63 ● 出土した武具類
上 2 点は小柄、右 4 点は鏃で左端は雁俣、鏃の左手前の丸い 2 点は鉛製の鉄砲玉、左手 2 点は鎧の小札、その上の 2 点は刀装具。

当たったらしく変形している。

しかし、葛西城の出土遺物のなかで戦国の世がどのような時代であったかを訴える資料として注目されるのは斬首であろう。第二次予備調査の際に出土したもので、本丸の正面に相当する北側を区画するⅡ区E堀のヘドロ層から発掘された（図64）。

頭骨の特徴から性別は女性と判明した。全体的に小さくてきゃしゃであり、下顎は失われていたが面長の顔立ちで、顔面の幅にくらべ奥行きの長いいわゆる過長頭である。歯や口蓋縫合部などの観察から推定年齢は三五±一〇歳とされている。

発見された時はすでに骨となっていたが、おそらくは皮膚や頭髪のある生首の状態で堀内に入っていたものであろう。出土地点が本丸の表となる堀であるということに驚かされる。今となってはどのような謂れで首を切ら

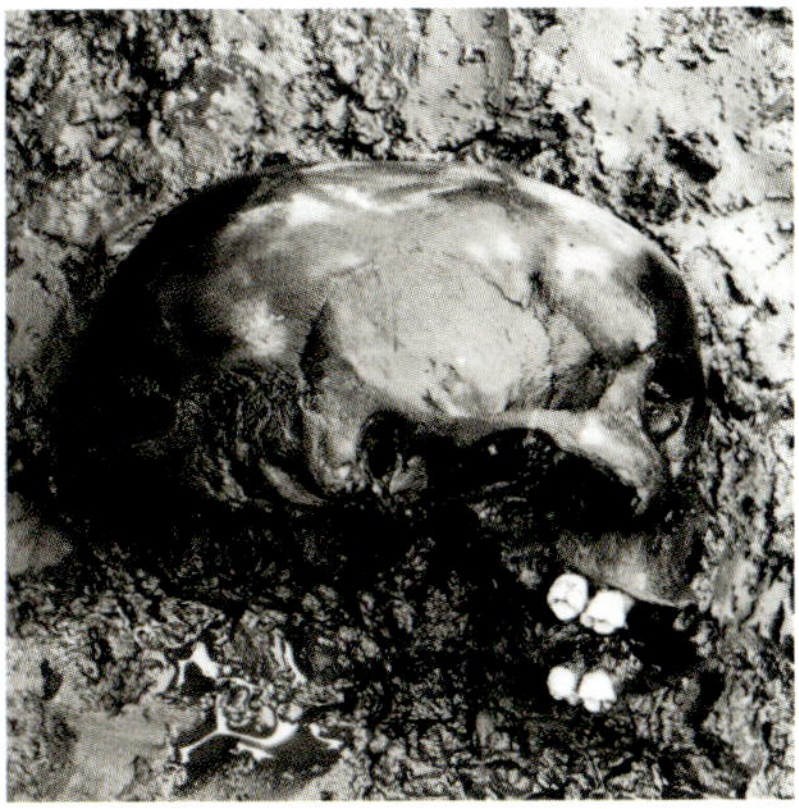

図64 ● 斬首

右：斬首の出土状況。左：復元された顔。
2007年の特別展開催にあたり再調査をしたところ、死亡時前後で左頭部に斬撃とは別に打撃を加えられている可能性があるという。（復顔監修：東京国立科学博物館馬場悠男人類研究部長、復顔作業：翁譲、再調査：東京国立科学博物館坂上和弘人類研究部研究員）

れて、しかも堀へ入り込んだのかはうかがい知ることはできない。戦国の世は武功を誇る勇ましい武士の時代とイメージされがちであるが、現実は血なまぐさい社会であったことをこの資料はあらためて知らしめているように思う。

4　一粒の種とかわらけ

白い花をつけるヒコサンヒメシャラ

葛西城の堀からは、低地遺跡ならではの思わぬ情報を伝えてくれる遺物の出土もある。そのひとつが堀のヘドロにパックされたため良好に保存されていた種子などの植物遺体である。

そのなかにはヒコサンヒメシャラの種子もあった。漢字を当てると英彦山姫沙羅と書き、学名はStewartia serrata、ツバキ科ナツツバキ属、六―七月ごろに普通のヒメシャラよりもひとまわり大きい白い花を咲かせる植物で、現在では観賞用として庭木などにも使われている（図65）。

ヒコサンヒメシャラは、名のいわれとなった福岡

図65 ●ヒコサンヒメシャラ
本丸の庭に移植されていたのであろうか。もしかしたら足利晴氏の妻で義氏の生母芳春院が故郷に思いを馳せながら愛でたのかもしれない。

県英彦山のある九州、そして四国、本州は神奈川以西に分布しており、箱根など小田原以西にしか自生しない。

ではなぜ分布域ではない葛西城から出土したのであろうか。葛西城とヒコサンヒメシャラを結びつけるものは小田原北条氏の存在である。このことから、小田原北条氏の本拠である伊豆・相模から葛西城に運んで植えたものと考えられている。下総葛西の地で本拠の面影をヒコサンヒメシャラに映し見たのは誰だったのであろうか。

小田原系かわらけ

かわらけが数多く出土していることは先にふれたが、戦国時代の東国では、ロクロ成形のかわらけと手づくねのかわらけの二種類が出土している。北条氏の本拠小田原では初めロクロ引きのかわらけだけであったが、一六世紀前半に京都系の手づくねかわらけを真似たものが出現し、ロクロと手づくねの二系統のかわらけが用いられるようになった。葛西城にも「小田原系かわら

図66 ● **手づくねかわらけ**（小田原系かわらけ）
小田原でつくられた手づくねかわらけで、第81号井戸からまとまって出土している。この井戸は折敷なども出土しており、宴席に用いられたものを一括して井戸内に棄てたことがわかる。義氏の元服式のときに使われた井戸なのであろうか。

け」とよばれる小田原でつくられたロクロと手づくね（図66）の二系統とも搬入されている。

なお一点だけではあるが、小田原系のロクロかわらけに金箔を貼ったものが出土している（図67）。八王子城（東京都）や岩付城（埼玉県）などの小田原北条氏関係の城にも出土事例はみられるが、葛西城の資料は全形をうかがえる良好なものである。ハレの場で限られた人のみが使うことのできた特別なあつらえであったのであろう。

また、小田原から直接搬入されたかわらけではなく、小田原のかわらけを模倣して在地で製作したと思われるかわらけが出土している（図68）。小田原のかわらけの胎土は粒子が細かく、比較的薄手に作られている一方、在地の模倣品の胎土は小田原にくらべて粗く、厚手なつくりとなっているが、小田原系ロクロかわらけの形態的特徴である、腰の張り、口縁部の外反、底

図67 ●**金箔かわらけ**（小田原系かわらけ）
小田原でつくられたロクロかわらけで、内面と外面の口縁付近に漆で金箔が貼られている。誰がこの荘厳なかわらけでお酒を飲んだのであろうか。

部内面にみえる渦巻き状の凹凸などを意識して真似ている。

小田原から搬入されたかわらけの年代を、小田原での編年をもとにして整理すると、第八一号井戸からまとまって出土した手づくねかわらけは、先に記したように一五五〇年から一五六〇年前後、つまり天文後半――永禄初めの間につくられたもので、ロクロ成形のかわらけや模倣品も同じころのものと考えられる。

南関東において、小田原系の手づくねかわらけが小田原以外で出土するのは、天正期に入ってからが多く、葛西城は比較的古い出土事例といえ

図68 ● 小田原のロクロかわらけ（左）**と模倣された葛西城のかわらけ**（右）
葛西城からは小田原系のロクロかわらけとともに、その模倣と思われる在地で製作したかわらけが出土している。模倣品は小田原系ロクロかわらけの形態的特徴である腰が張り、口縁部が外反するもので、内面には小田原のロクロかわらけと同じように渦巻き状の凹凸が残る。

る。逆に、葛西城からはなぜか天正期の小田原系かわらけは出土しない。

漆椀

このように葛西城から出土した遺物からは、葛西城と小田原北条氏との結びつきを読みとることができる。

さらに出土遺物を観察すると、葛西城の堀から出土する漆器などにも、小田原との関係がみえてくる。漆椀に描かれた鶴や亀をあしらった絵柄のなかには、小田原城出土のものと酷似したものがある（図69）。それは構図だけでなく、デフォルメや筆運びまでも似ていることから、製品の流通や、あるいは木地師や塗り師などの職人の小田原と葛西間での行き来が考えられる。

一六世紀代に位置づけられる、小田原北条氏の本拠・小田原城で出土するのと同様の製品や関係を示す資料が葛西城内にも持ち込まれているということは、考古学的にも小田原北条氏による葛西城の占有と葛西地域の領国化を裏づけるものであろう。

図69 ● 小田原城出土の酷似した絵柄の漆椀
葛西城は低地遺跡のため木製品が良好に遺存されており、出土量も多い。なかでも漆椀は質・量とも充実している。外面は黒漆、内面を朱漆に塗るものが主流で、描かれる文様は鶴丸や松竹梅などの吉瑞が多い。ここでは小田原城出土の漆椀（右）と見くべられるように、葛西城出土の羽ばたく鶴が描かれた資料（左）を掲載した。

小田原北条氏と葛西城

ここで改めて小田原北条氏とのかかわりをもつ資料の年代について考えてみよう。

出土資料の点から葛西城において小田原北条氏のかかわりが色濃く認められるのは天文から永禄期、なかでも小田原系のかわらけが搬入される天文後半─永禄初め、一五五〇─一五六〇年前後に求めることができよう。つまり、葛西城が天文七年（一五三八）に関東管領上杉氏から小田原北条氏によって奪取された後、足利義氏の御座など政治的にも重要度を増した時期を中心に、考古学的にも小田原北条氏関連の資料が認められるのである。

5　「関東の将軍」御座の城

中世城館としての葛西城

以上のように葛西城は、低地遺跡および中世考古学という面で重要な遺跡として認識されていた。しかし、遺跡としての重要度の高さにくらべ、中世城館としての葛西城は、天守も石垣もない、規模・構造的にも特筆される存在ではなかった。

「葛西城の規模は通常城郭とよばれているものと違い、おそらく「砦」あるいは「館」程度の小規模のものであったに違いない」とか、「青戸に城塞がつくられたのは、小田原北条氏の時代になってからのことで、天文・永禄両度に起きた房総里見氏との国府台合戦に備えて急きょ築造されたとみるのが妥当のようである」と記した本があるなど、どうも戦のためだけの施設としてイメージされてきた。

しかし、葛西城は青戸城とはよばれず、現在の葛飾・江戸川・墨田・江東区に広がる地域の要として、「葛西」という領域名を冠してよばれていることからみても、この領域を支配する拠点として築かれたのではないかと声も出せずに想像していた。

その思いを募らせたのは、先に紹介した元代の青花器台や花弁を刻んだ茶臼などの威信財の出土であった。すでに古泉弘、小野正敏によって、この青花器台は注目すべき遺物として紹介されてきた。あまりにイレギュラーな出土だったためであろうか。なぜ葛西城からそのような優品が出土するのか。その背景なり、意義なりについては語られることはなかった。関東平野の玄関口として重要な位置にあった青戸に築かれた葛西城から出土した威信財は、決して偶然の産物ではないのではないか、葛西城は侮れないと密かに思いを募らせたのである。

「葛西様」は葛西城と関係ないのか

あるとき、永禄二年に作成された「小田原衆所領役帳」を見ていると、「葛西様」という記載に目を引かれた。「葛西様」と葛西城は関係ないのだろうか。関東では、葛西というのは葛西城の所在する地域にしか地名もないので、何かつながりがあればおもしろいと思った。

さっそく知り合いに聞いてみたところ、あれは古河公方足利義氏のことで、鎌倉の葛西谷に御座したので、葛西様とよばれるようになったと教えてもらった。それは一九九〇年代前半のことだった。

その後、服部実喜によって小田原北条氏のかわらけの研究が進められ、先に述べたように、葛西城出土の小田原系のかわらけは、永禄期ごろに位置づけられ、小田原北条氏の他の支城よりも早くからもち込まれているということが明らかとなった。

それではどのような背景のもとで葛西城にもち込まれたのであろうか。葛西城には考古学的にまだ明らかとなっていない得体の知れない何かがあるのではないか、侮れないぞという思いをまたしても強く抱くに至った。

そして二〇〇二年。葛西城にとって重大な論文が公表された。佐藤博信が『日本歴史』第六四六号に「古河公方足利義氏論ノート」を著し、古河公方足利義氏が葛西城に御座していたと指摘したのである。佐藤はそれまで鎌倉の葛西谷説をとっていたが、史料の丹念な再吟味をおこない、義氏の葛西城御座を解き明かしたのである。

いままで葛西城には何かあるぞという思いに駆られながら、何か靄みたいなものがかかってはっきりとしなかったところに強力な光が照射され、その靄を晴らしてくれたのである。葛西城の発掘調査で明らかとなった威信財の存在も、小田原系かわらけの搬入も、関東の将軍足利義氏とのかかわりのなかで理解されるようになったのである。

ただ、これですべてが解決したわけではない。葛西城と足利義氏との関係の探究はやっと始まったばかりである。これから具体的に考古資料と文献史料の両面から研究を積み重ねていかなければならないことはいうまでもあるまい。

第5章　葛西落城

1　秀吉の小田原攻め

小田原攻め

武田信玄、上杉謙信など戦国武将が活躍した世も、織田信長の登場によって新たな時代へと進む。しかしその信長も、天正一〇年（一五八二）、本能寺の変で志なかばで討たれてしまう。その信長の天下統一を引き継いだのが豊臣秀吉である。

そのころ関東では、北条氏直が領国の拡大に奔走し、現在の群馬県に所在する真田領に侵攻した。真田氏は豊臣方に臣従していたため、事態は風雲急を告げ、秀吉の小田原攻めへと発展してしまう。天正一八年（一五九〇）、二〇万を超える秀吉軍が小田原を目指して進撃を開始。これに対して北条氏直は、小田原城をはじめ諸城で籠城する作戦で対抗した。

秀吉軍は小田原城を見下ろす石垣山に本陣を据え、前田利家を筆頭に上杉景勝・真田昌幸ら

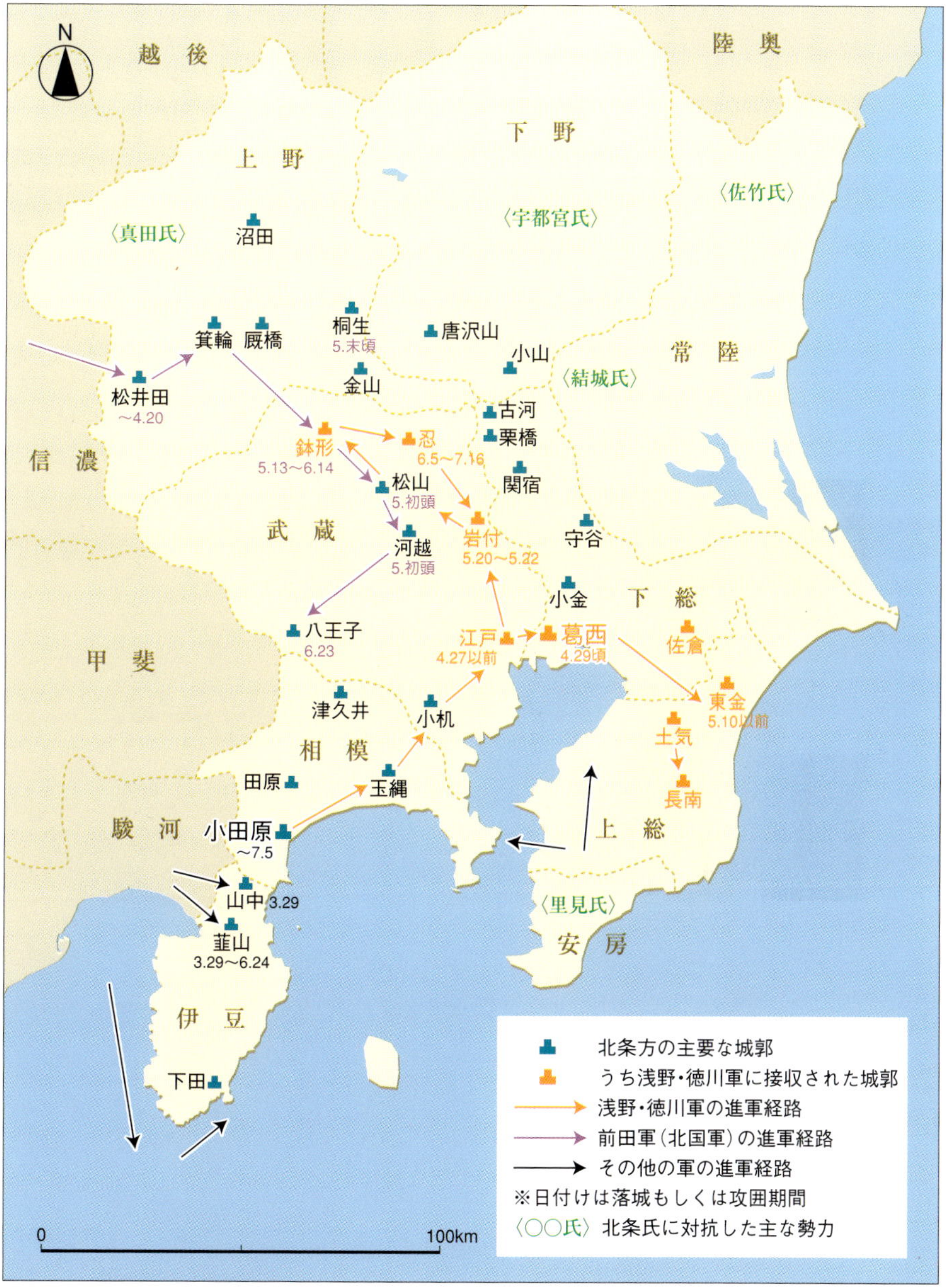

図 70 ● 小田原合戦秀吉軍侵攻図
葛西城のある葛飾郡域に進軍したのは、浅野長吉が徳川氏の各部将を率いる武蔵・両総方面軍であった。

が従軍する北国軍、浅野長吉が徳川氏の各部将を率いる武蔵・両総方面軍に分かれて進軍した。このうち葛西城のある葛飾郡域に進軍したのは武蔵・両総方面軍であった。

小田原城が秀吉の大軍に包囲されるなか、諸城にも攻め手が押し寄せ、つぎつぎに攻略あるいは開城させられてしまう（図70）。

江戸開城と葛西

そして四月二二日、江戸城は徳川家康配下の本多忠勝・鳥居元忠・平岩親吉の軍勢の前に開城降伏する。秀吉の軍勢が江戸城まで攻め寄せて来たころ、葛西地域の村々では、その対応に追われていた。東金町の葛西神社に伝えられている四月二九日付の「浅野長吉書状」によると、飯塚村・猿俣村・小合村・金町村・柴俣村の五カ村について禁制を長吉が取次いだ旨が記されている（図71）。

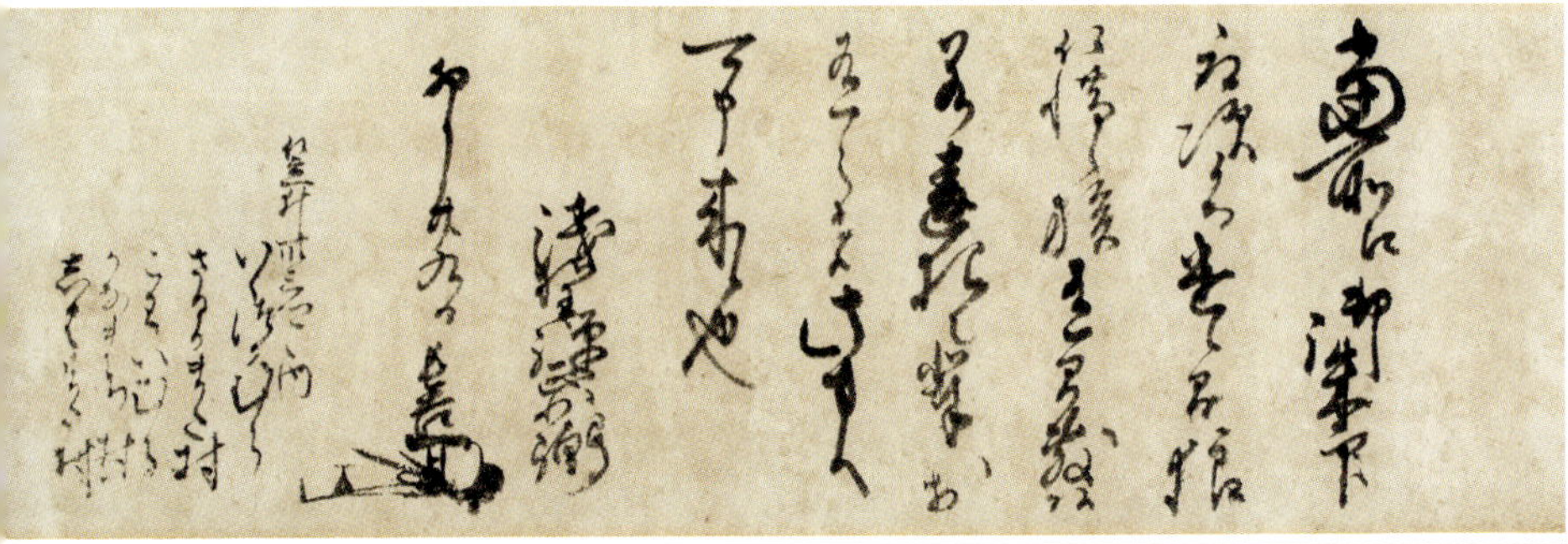

当所江御朱印
取次候而遣候間、狼
藉之族有間敷候、
若違犯之輩於
有之者、此方へ
可申来候也

浅野弾正少弼
卯月廿九日長吉（花押）
笠井（葛西）卅三郷之内
い、つかむら（飯塚村）
さるかまた村（猿俣）
こわいむら（小合村）
かなまち村（金町）
しまた村（柴俣）

図71 ● 浅野長吉取次書状
浅野長吉らは天正18年4月22日ごろに江戸城を開城させ、続いて葛西城を落城させるが、葛西城北部の飯塚・猿俣・小合・金町・柴俣村の五カ村は、村の安全を保障する「御朱印」豊臣秀吉禁制を求め、長吉にその取次を依頼している。それに応えて長吉が発給したのがこの書状である。

禁制とは、軍勢の乱入による略奪や放火を禁止する命令のことで、秀吉の朱印が押された禁制があれば、秀吉軍の乱暴狼藉などを受けず安全が保証された。先の五カ村は、秀吉方の軍勢が葛西に攻め入る前に共同して大金を支払い、禁制という安全保証書の発行を秀吉軍で東国大名との取次役をしていた武将浅野長吉（長政）に願い出たのである。この史料によって、葛西地域は四月二九日には秀吉方に制圧されていたことがうかがわれる。

葛西落城

しかし、葛西の村々が秀吉の庇護を請うなかにあって、葛西城だけは孤軍奮闘していた。徳川家康の家臣戸田忠次の家伝によると、江戸城をはじめ周辺の小田原北条方の城が開城降伏するなかで葛西城は降伏しなかったので、忠次が攻め落としたと記されている。葛西落城の正確な月日は不明であるが、おそらく四月二九日前後と考えられる。

七月五日、ついに北条氏直は降伏、小田原城は開城して北条氏の関東支配はここに終わりを告げる。葛西地域も、葛西の要、葛西城の落城をもって中世の終焉を迎え、近世という新しい時代の幕開けとなるのである。

2　家康の江戸入部と青戸御殿

天正一八年（一五九〇）八月一日、徳川家康が江戸へ入部した後、葛西城の跡には家康によって御殿が設けられた。その御殿を葛西御殿とか青戸御殿などとよんでいるが、よく葛西城と葛西御殿を混同してとり扱われることも多いため、近世の御殿を青戸御殿としてよびわけている。

記録上では、家康がはじめて青戸御殿に宿泊したのは慶長一〇年（一六〇五）となっている。葛西城が落城してから一五年経った城跡には宿泊できる施設が設けられていたことが確認できる。その後、少なくとも寛永一六年（一六三九）と慶安二年（一六四九）の二度にわたって改修が施され、御殿とよぶにふさわ

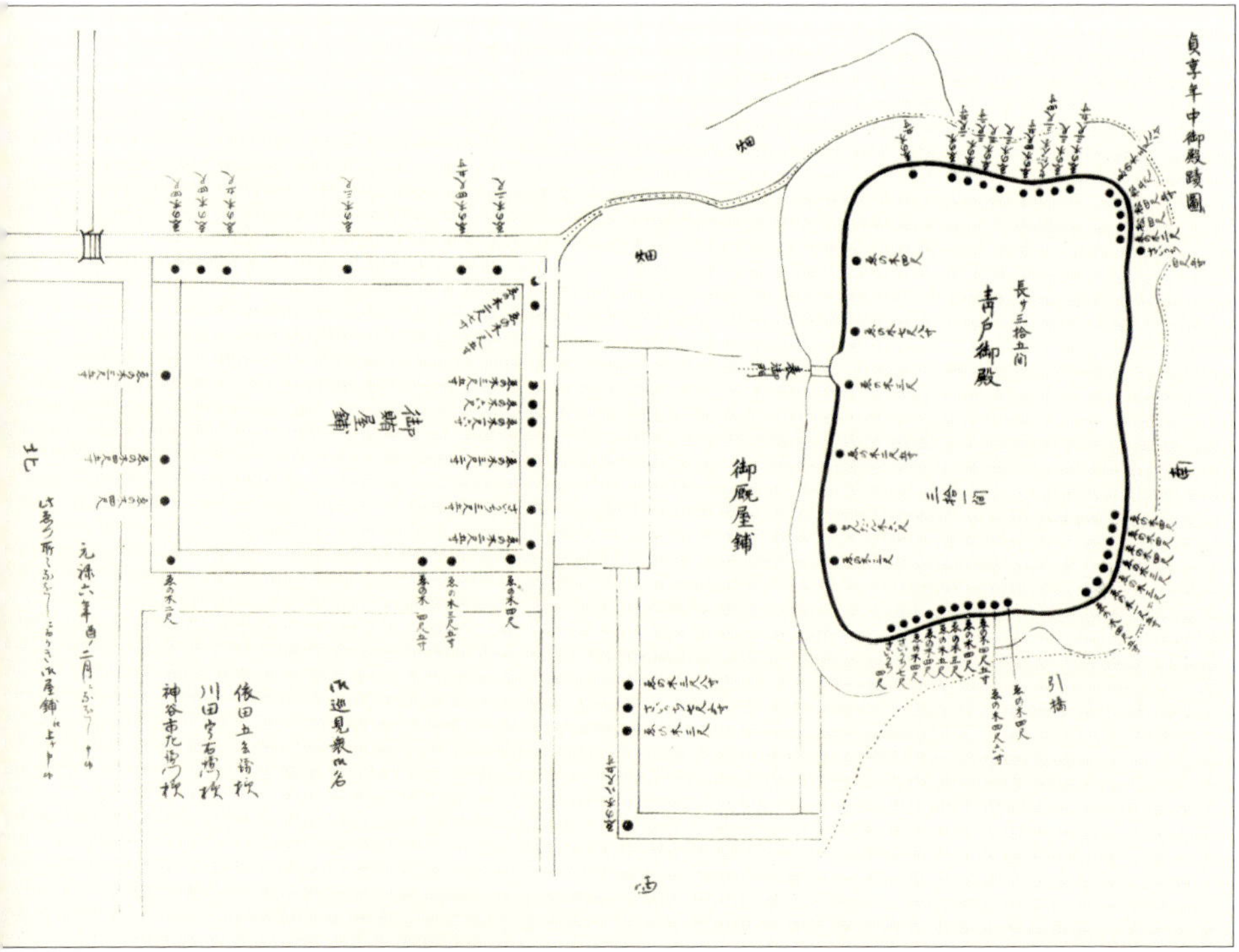

図 72 ●青戸御殿の図
『新編武蔵国風土記稿』に掲載されている「貞享年中（1684～87 年）御殿蹟図」から青戸御殿の様子を知ることができる。絵図には、御殿は東西 35 間（約 68 m）、南北 51 間（約 92 m）の広さをもち、御殿の北側（図左側）に御厩屋舗、御賄屋舗などの施設が描かれている。御殿のまわりには樹木がめぐり、堀らしい帯状のものがとりかこみ、北側に表門が位置している。御厩屋舗、御賄屋舗のまわりにも線で区画されたなかに樹木が認められ、絵図には明確に表現されていないが、線で区画した範囲はおそらく土塁をあらわしたものと思われる。

しい体裁を整え、鷹狩りなどの際に休憩所として利用された。

『新編武蔵国風土記稿』の「貞享年中御殿蹟図」(図72)に見える青戸御殿の主郭部は、第3章でみた、発掘でわかった葛西城の本丸縄張りとほぼ同じ形状を呈している。青戸御殿は、葛西城の本丸をそのまま利用するなど、基本的には城の縄張りを踏襲したようだ。発掘調査では、御殿をとりまく旧本丸堀北側の堀から表門、そして南側の堀でも表門と対になる形で橋げたが確認されている。その他の遺構としては、瓦葺き建物の基礎や柱穴、井戸などがある。

遺物としては、堀のなかから陶磁器類、かわらけ、瓦(図73)、宴席に供されたと思われるハマグリや鳥獣、スッポンなどの動物遺存体があり、出土したイヌやネコの骨には切り傷があることから、金子浩昌はタカの餌として解体されたものと考えている。

こうして鷹狩りなどに使用された青戸御殿であったが、延宝六年(一六七八)には払い下げの処置がなされ、とり壊しがおこなわれた。その後には陸田が広がり、わずかに御殿山にかつての葛西城の面影が残るだけとなった(図6参照)。葛西の要の城として栄えてからおよそ二〇〇年後の姿であった。

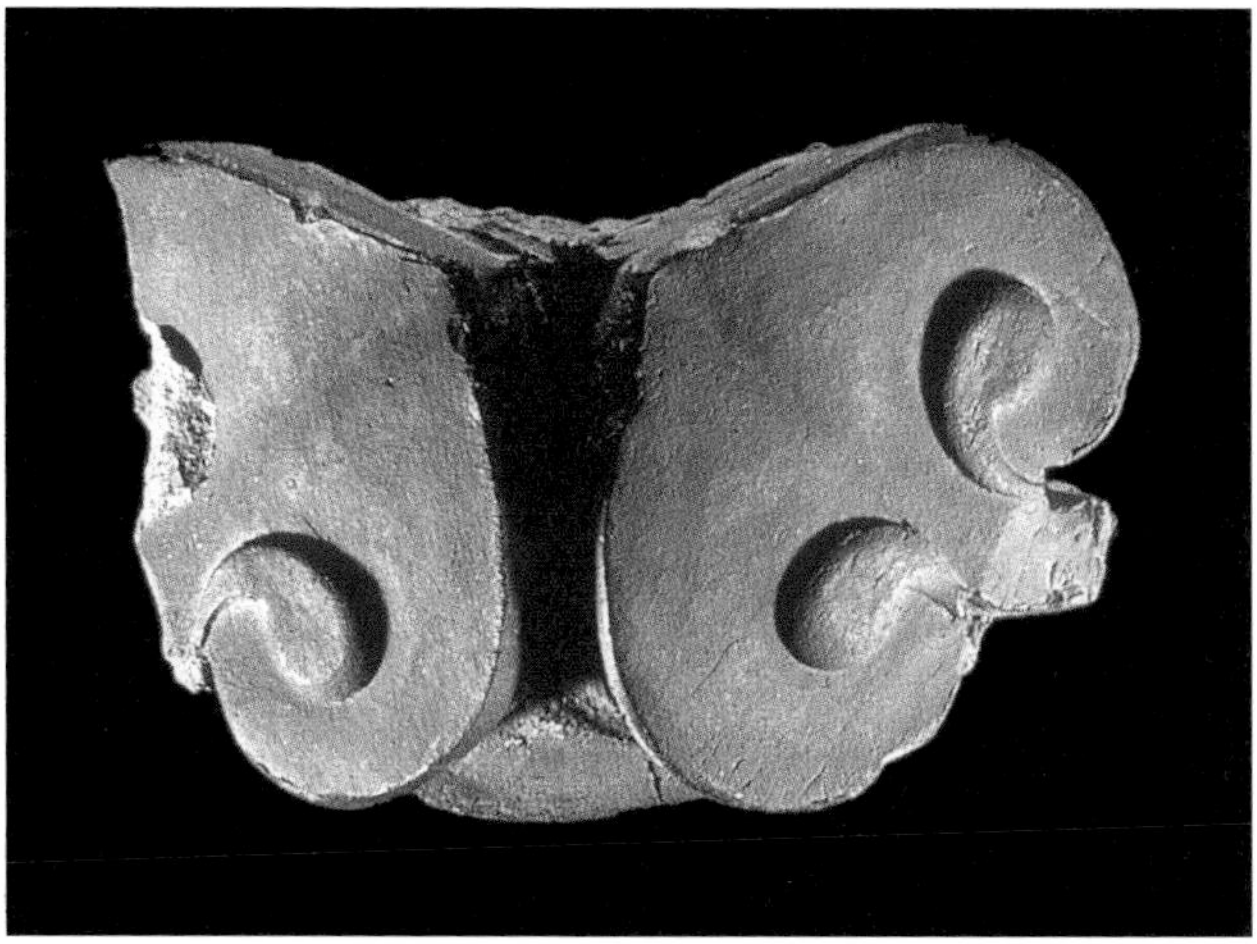

図73 ●出土した三葉葵の瓦の破片
徳川将軍家の家紋である三つ葉葵を付した瓦片が2点のみ出土している。この資料は鬼瓦に付されたものであろう。

あとがき

二〇〇七年、葛飾区郷土と天文の博物館で、葛西城発掘三五年・博物館考古学ボランティア活動一五年を記念して、特別展「関東戦乱―戦国を駆け抜けた葛西城」が開催された。青戸御殿山に学術的なメスが入ってから三五年という節目を迎え、本書で紹介したような発掘と文献史料の両面の調査研究によって、さまざまなことが明らかとなってきた。また、さらに追究していかなくてはならない問題も多い。

葛西城の調査研究の進展は、たんに葛西城のみの問題ではなく、東京の下町とよばれる地域の歴史像を豊かにし、さらに東国の戦国時代の研究にも寄与するものとなろう。本書では、主に小田原北条氏時代を扱い、関東管領上杉氏時代の葛西城については、あまりふれることはできなかったが、東国における葛西城の歴史的な位置についてはなんとか紙面に盛り込むことができたのではないかと思っている。

それらの成果は、決して一回の発掘調査で明らかとなったわけではなく、いまも継続している発掘調査や文献史料の調査の積み重ねによるものであり、最初の発掘から今日に至るまで指導にあたってこられた加藤晋平先生をはじめ、調査に参加された多くの諸先輩による「泥んこ考古学」の賜物である。

葛西城の調査研究の進展だけでなく、葛西城そのものが歴史的財産として大切に保存整備され、後世へ継承されることを願ってやまない。本書が一人でも多くの人に東京下町に眠る戦国の城の姿を知る契機となり、家康入部以前の歴史にも興味を抱いてもらえたならば幸いである。

参考文献

市村高男　一九九二「中世東国における房総の位置—地域構造論的視点からの概観—」『千葉史学』第二一号　千葉史学会
市村高男　一九九五「中世東国における内海水運と品川湊」『品川歴史館紀要』一〇号　品川区品川歴史館
入本英太郎　一九八五『増補　葛飾区史』上巻　葛飾区
宇田川武久　二〇〇二『歴史ライブラリー一四六　鉄砲と戦国合戦』　吉川弘文館
小野正敏　一九九七『講談社選書メチエ一〇八　戦国城下町と考古学』　講談社
加藤晋平　一九七四「V　まとめ」『青戸・葛西城址調査報告』Ⅱ　葛西城址調査会
加藤晋平　一九八七「葛西城没落の記」『東京の文化財』第三三号　東京都教育委員会
金子浩昌　一九七五「V—12　葛西城址Ⅳ・V区濠出土の動物遺体」『青戸・葛西城址調査報告』Ⅲ　葛西城址調査会
亀井明徳　二〇〇七「コラム５　葛西城址出土の元青花器台について」『関東戦乱—戦国を駆け抜けた葛西城』　葛飾区郷土と天文の博物館
木下　聡　二〇〇七「鎌倉府と古河公方」『関東戦乱—戦国を駆け抜けた葛西城』　葛飾区郷土と天文の博物館
桐山秀穂　二〇〇七「コラム３　蓮弁文様の茶臼」『関東戦乱—戦国を駆け抜けた葛西城』　葛飾区郷土と天文の博物館
黒田基樹　二〇〇一「小田原北条氏と葛西城」『葛西城とその周辺』　たけしま出版
黒田基樹　二〇〇七「足利義氏と小田原北条氏」『関東戦乱—戦国を駆け抜けた葛西城』　葛飾区郷土と天文の博物館
古泉　弘　一九七四「Ⅲ—7　木製品」『青戸・葛西城址調査報告』Ⅱ　葛西城址調査会
古泉　弘　一九八四「葛西城址出土の青花器台」『貿易陶磁研究』第７号　貿易陶磁研究会
坂上和弘　二〇〇七「青戸・葛西城址Ⅱ区E堀出土に関する補足報告」『関東戦乱—戦国を駆け抜けた葛西城』葛飾区郷土と天文の博物館
佐藤博信　二〇〇〇『江戸湾をめぐる中世』　思文閣出版
佐藤博信　二〇〇二「古河公方足利義氏論ノート—特に「葛西様」をめぐって—」『日本歴史』第六四六号　吉川弘文館
佐藤博信編　二〇〇六『戦国遺文古河公方編八〇八』　東京堂出版
佐脇栄智　一九九九『小田原衆所領役帳　戦国遺文後北条氏別巻』　東京堂出版
杉山　博・下山治久編　一九九〇『戦国遺文後北条氏編』第２巻　東京堂出版
杉山　博・下山治久編　一九九一『戦国遺文後北条氏編』第３巻　東京堂出版
鈴木正貴　二〇〇〇「出土遺物からみた結物」『桶と樽　脇役の日本史』　法政大学出版局
谷口　榮　一九九三「収束」『特別展　下町・中世再発見』　葛飾区郷土と天文の博物館
谷口　榮　一九九五「東京低地の中世遺跡」『東京低地の中世を考える』　名著出版
谷口　榮　二〇〇二「葛西築城とその終焉—葛西城から見た戦国期における葛西の動向—」『葛西城発掘三〇周年記念論文集　中近世史研

究と考古学』　岩田書院
谷口　榮　二〇〇五『特別展　親鸞と青砥藤綱—東京下町の歴史伝説を探る—』　葛飾区郷土と天文の博物館
谷口榮・五十嵐聡江他　二〇〇七『関東戦乱—戦国を駆け抜けた葛西城』　葛飾区郷土と天文の博物館
戸谷穂高　二〇〇七「小田原合戦と葛西」『関東戦乱—戦国を駆け抜けた葛西城』　葛飾区郷土と天文の博物館
長瀬　衛　一九七五「V—2　かわらけ」『青戸・葛西城址調査報告』Ⅲ　葛西城址調査会
長塚　孝　一九九五「鎌倉・室町期の葛西地域」『東京低地の中世を考える』　名著出版
長塚　孝　一九八九「Ⅲ　中世後期の葛西城・葛西地域をめぐる政治状況」『葛西城XⅢ』第3分冊　葛飾区遺跡調査会
長塚　孝　二〇〇七「鎌倉府と古河公方」『関東戦乱—戦国を駆け抜けた葛西城』　葛飾区郷土と天文の博物館
服部実喜　一九九八「第一二章　土器・陶磁器の流通と消費」『小田原市史』通史編　原始古代中世　小田原市
平本嘉助　一九七六「Ⅳ—人骨」『青戸・葛西城址Ⅱ区調査報告』　葛西城址調査会
湯浅治久　一九九五「東京低地と江戸湾交通」『東京低地の中世を考える』　名著出版

葛西城址環状七号線道路建設にともなう発掘調査および報告書

第1次調査（調査年・一九七二年　調査面積・約一二〇㎡）
加藤晋平他　一九七二『東京都葛飾区葛西城址第1次調査概報』　葛西城址調査会
B地区（調査年・一九七二年　調査面積・一四〇㎡）
加藤晋平他　一九七三『東京都葛飾区葛西城址B地区調査概報』　葛西城址調査会
第2次調査（調査年・一九七三～一九七四　調査面積・六〇六㎡）
加藤晋平他　一九七四『青戸・葛西城址調査報告』Ⅱ　葛西城址調査会
第3次調査（調査年・一九七四～一九七五　調査面積・一三七二㎡）
宇田川洋　一九七五『青戸・葛西城址調査報告』Ⅲ　葛西城址調査会
宇田川洋他　一九七六『青戸・葛西城址Ⅱ区調査報告』Ⅲ　葛西城址調査会
第4次調査（調査年・一九七五　調査面積・一〇七〇㎡）
宇田川洋他　一九七六『青戸・葛西城址調査報告』Ⅳ　葛西城址調査会
第5次調査（調査年・一九七六　調査面積・九〇〇㎡）
鶴丸俊明他　一九七八『青戸・葛西城址調査報告』Ⅴ　葛西城址調査会
第6次調査（調査年・一九八〇～一九八一　調査面積・二〇二〇㎡）
古泉　弘　一九八三『葛西城—葛西城址発掘調査報告』　葛西城址調査会

葛西城址公園

・東京都葛飾区青戸7―28―17

御殿山公園

・東京都葛飾区青戸7―21―7
・両公園とも京成線「青砥」駅より徒歩約20分

本文図5のように、環状七号線道路に面し、東側に葛西城址公園、西側に御殿山公園がある。御殿山公園側には、解説板や青砥藤綱伝説にまつわる碑、「葛西城を偲ぶ」碑などがある。

葛西城址公園

御殿山公園

葛飾区郷土と天文の博物館

・東京都葛飾区白鳥3―25―1
・電話　03（3838）1101
・開館時間　9時～17時（金・土曜は21時まで）
・休館日　月曜（祝日の場合は開館）、第2・4火曜（祝日の場合は翌日休館）、12月28日～1月4日
・入館料　大人100円、小・中学生50円（プラネタリウム観覧料別途）
・交通　京成電鉄本線「お花茶屋」下車、徒歩8分

葛飾区の歴史とともに天体観測室・太陽望遠鏡・プラネタリウムをそなえたユニークな博物館。二階「郷土のフロア」にて、古代から近・現代の葛飾の地域史をわかりやすく展示しており、葛西城出土の遺物を実際に見ることができる。また講座・講演会、博物館ボランティア活動、子どもを対象とした体験学習活動も盛んにおこなわれ、地域の文化センターとなっている。

葛飾区郷土と天文の博物館

「義氏くん」　©endo

刊行にあたって

「遺跡には感動がある」。これが本企画のキーワードです。

あらためていうまでもなく、専門の研究者にとっては遺跡の発掘こそ考古学の基礎をなす基本的な手段です。また、はじめて考古学を学ぶ若い学生や一般の人びとにとって「遺跡は教室」です。

日本考古学では、もうかなり長期間にわたって、発掘・発見ブームが続いています。そして、毎年厖大な数の発掘調査報告書が、主として開発のための事前発掘を担当する埋蔵文化財行政機関や地方自治体などによって刊行されています。そこには専門研究者でさえ完全には把握できないほどの情報や記録が満ちあふれています。しかし、その遺跡の発掘によってどんな学問的成果が得られたのか、その遺跡やそこから出た文化財が古い時代の歴史を知るためにいかなる意義をもつのかなどといった点を、莫大な記述・記録の中から読みとることはなはだ困難です。ましてや、考古学に関心をもつ一般の社会人にとっては、刊行部数が少なく、数があっても高価なその報告書を手にすることすら、ほとんど困難といってよい状況です。

いま日本考古学は過多ともいえる資料と情報量の中で、考古学とはどんな学問か、また遺跡の発掘から何を求め、何を明らかにすべきかといった「哲学」と「指針」が必要な時期にいたっていると認識します。

本企画は「遺跡には感動がある」をキーワードとして、発掘の原点から考古学の本質を問い続ける試みとして、日本考古学が存続する限り、永く継続すべき企画と決意しています。いまや、考古学にすべての人びとの感動を引きつけることが、日本考古学の存立基盤を固めるために、欠かせない努力目標の一つです。必ずや研究者のみならず、多くの市民の共感をいただけるものと信じて疑いません。

監　修　戸沢　充則

編集委員　勅使河原彰　小野　昭

小野　正敏　石川日出志

小澤　毅　佐々木憲一

著者紹介

谷口　榮（たにぐち・さかえ）

1961年、東京都葛飾区生まれ。国士舘大学文学部史学地理学科卒業
現在、葛飾区郷土と天文の博物館学芸員
主な著作　『吾妻鏡事典』（共編、東京堂出版）、「大嶋郷の復原と住人の生業活動」『古代東国の民衆と社会』（名著出版）、「東京低地の中世遺跡」『葛西氏の研究』（名著出版）、「東京低地東部の景観」『国立歴史民俗博物館研究報告』第118集ほか

写真提供
江東区役所広報課　図2
葛飾区郷土と天文の博物館　図4・5・7・8・22～64・66～69(左)・71・73
国立公文書館内閣文庫　図6・72
米沢市上杉博物館　図13
船橋市西図書館　図14
さくら市教育委員会　図16
國學院大學図書館　図17
本田遊亀子氏　図19
早稲田大学中央図書館　図21
神奈川県立箱根湿生園　図65
小田原市教育委員会　図69(右)

図版出典
図1(下)　国土地理院発行5万分の1地形図「東京東北部」
図3・11・12・15・18・20・28・29　谷口作成（ただし、3・11・28・29以外は長塚孝・黒田基樹・水山昭宏・五十嵐聡江・杉本絵美・石塚宇紀・戸谷穂高諸氏の協力をいただいた）
図70　戸谷穂高「小田原合戦と葛西」『関東戦乱―戦国を駆け抜けた葛西城』

シリーズ「遺跡を学ぶ」057

東京下町に眠る戦国の城・葛西城《かさいじょう》

2009年4月20日　第1版第1刷発行

著　者＝谷口　榮

発行者＝株式会社 新 泉 社
東京都文京区本郷2-5-12
振替・00170-4-160936番　TEL03(3815)1662／FAX03(3815)1422
印刷／萩原印刷　製本／榎本製本

ISBN978-4-7877-0937-0　C1021

シリーズ「遺跡を学ぶ」

A5判／96頁／定価各1500円＋税

◉**第Ⅰ期**（全31冊完結・セット函入46500円＋税）

01 北辺の海の民・モヨロ貝塚　米村衛
02 天下布武の城・安土城　木戸雅寿
03 古墳時代の地域社会復元・三ツ寺Ⅰ遺跡　若狭徹
04 原始集落を掘る・尖石遺跡　勅使河原彰
05 世界をリードした磁器窯・肥前窯　大橋康二
06 五千年におよぶムラ・平出遺跡　小林康男
07 豊饒の海の縄文文化・曽畑貝塚　木﨑康弘
08 未盗掘石室の発見・雪野山古墳　佐々木憲一
09 氷河期を生き抜いた狩人・矢出川遺跡　堤　隆
10 描かれた黄泉の世界・王塚古墳　柳沢一男
11 江戸のミクロコスモス・加賀藩江戸屋敷　追川吉生
12 北の黒曜石の道・白滝遺跡群　木村英明
13 古代祭祀とシルクロードの終着地・沖ノ島　弓場紀知
14 黒潮を渡った黒曜石・見高段間遺跡　池谷信之
15 縄文のイエとムラの風景・御所野遺跡　高田和徳
16 鉄剣銘一一五文字の謎に迫る・埼玉古墳群　高橋一夫
17 石にこめた縄文人の祈り・大湯環状列石　秋元信夫
18 土器製塩の島・喜兵衛島製塩遺跡と古墳　近藤義郎
19 縄文の社会構造をのぞく・姥山貝塚　堀越正行
20 大仏造立の都・紫香楽宮　小笠原好彦
21 律令国家の対蝦夷政策・相馬の製鉄遺跡群　飯村均
22 筑紫政権からヤマト政権へ・豊前石塚山古墳　長嶺正秀
23 弥生実年代と都市論のゆくえ・池上曽根遺跡　秋山浩三
24 最古の王墓・吉武高木遺跡　常松幹雄
25 石槍革命・八風山遺跡群　須藤隆司
26 大和葛城の大古墳群・馬見古墳群　河上邦彦
27 南九州に栄えた縄文文化・上野原遺跡　新東晃一
28 泉北丘陵に広がる須恵器窯・陶邑遺跡群　中村浩
29 東北古墳研究の原点・会津大塚山古墳　辻秀人
30 赤城山麓の三万年前のムラ・下触牛伏遺跡　小菅将夫
別01 黒耀石の原産地を探る・鷹山遺跡群　黒耀石体験ミュージアム

◉**第Ⅱ期**（全20冊完結・セット函入30000円＋税）

31 日本考古学の原点・大森貝塚　加藤緑
32 斑鳩に眠る二人の貴公子・藤ノ木古墳　前園実知雄
33 聖なる水の祀りと古代王権・天白磐座遺跡　辰巳和弘
34 吉備の弥生大首長墓・楯築弥生墳丘墓　福本明
35 最初の巨大古墳・箸墓古墳　清水眞一
36 中国山地の縄文文化・帝釈峡遺跡群　河瀬正利
37 縄文文化の起源をさぐる・小瀬ヶ沢・室谷洞窟　小熊博史
38 世界航路へ誘う港市・長崎・平戸　川口洋平
39 武田軍団を支えた甲州金・湯之奥金山　谷口一夫
40 中世瀬戸内の港町・草戸千軒町遺跡　鈴木康之
41 松島湾の縄文カレンダー・里浜貝塚　会田容弘
42 地域考古学の原点・月の輪古墳　近藤義郎・中村常定
43 天下統一の城・大坂城　中村博司
44 東山道の峠の祭祀・神坂峠遺跡　市澤英利
45 霞ヶ浦の縄文景観・陸平貝塚　中村哲也
46 律令体制を支えた地方官衙・弥勒寺遺跡群　田中弘志
47 戦争遺跡の発掘・陸軍前橋飛行場　菊池実
48 最古の農村・板付遺跡　山崎純男
49 ヤマトの王墓・桜井茶臼山古墳・メスリ山古墳　千賀久
50 「弥生時代」の発見・弥生町遺跡　石川日出志

◉**第Ⅲ期**（全25冊　好評刊行中）

51 邪馬台国の候補地・纒向遺跡　石野博信
52 鎮護国家の大伽藍・武蔵国分寺　福田信夫
53 古代出雲の原像をさぐる・加茂岩倉遺跡　田中義昭
54 縄文人を描いた土器・和台遺跡　新井達哉
55 古墳時代のシンボル・仁徳陵古墳　一瀬和夫
56 大友宗麟の戦国都市・豊後府内　玉永光洋・坂本嘉弘
57 東京下町に眠る戦国の城・葛西城　谷口榮